# 语文·生长

丁之境 著

南方出版传媒·花城出版社
中国·广州

图书在版编目（CIP）数据

语文·生长 / 丁之境著. -- 广州：花城出版社，2018.5（2019.6重印）
ISBN 978-7-5360-8659-3

Ⅰ．①语… Ⅱ．①丁… Ⅲ．①教育工作－文集 Ⅳ．①G4-53

中国版本图书馆CIP数据核字(2018)第073848号

出 版 人：肖延兵
策划编辑：林宋瑜
责任编辑：林　菁　揭莉琳　刘玮婷
技术编辑：薛伟民　凌春梅
封面设计：刘红刚
内文版式：姚　敏

| | | |
|---|---|---|
| 书　　名 | 语文·生长<br>YUWEN·SHENGZHANG | |
| 出版发行 | 花城出版社<br>（广州市环市东路水荫路11号） | |
| 经　　销 | 全国新华书店 | |
| 印　　刷 | 广东新华印刷有限公司<br>（广东省佛山市南海区盐步河东中心路23号） | |
| 开　　本 | 880毫米×1230毫米　32开 | |
| 印　　张 | 11.5　1插页 | |
| 字　　数 | 200,000字 | |
| 版　　次 | 2018年5月第1版　2019年6月第4次印刷 | |
| 定　　价 | 45.00元 | |

如发现印装质量问题，请直接与印刷厂联系调换。
购书热线：020－37604658　37602954
花城出版社网站：http://www.fcph.com.cn

# 序言一

## 纵生相长——读丁之境新著《语文·生长》

在万物蓬勃生长的春天，细读丁之境老师的《语文·生长》，欣然于书中透露的纵生与相长，满眼是生意盎然。

丁之境老师的语文教学，遵从生命之本质规律，让学生在必要的指导之下，自由地、尽情地、无碍地学习成长，是之为纵生。

此纵生，具体表现为让学生在语文学习中纵目、纵心、纵步、纵言、纵论、纵笔、纵放。即既品赏入微，又放眺远望；既行之有序，又漫步随心；既大胆阐释，又广泛谈论；既认真书写，又雄健奔放。纵览而求博，纵情而尚德，纵练而长能。丁之境老师之纵生，是纵其生根，纵其滋长，纵其化育，纵其生活，纵其生命。丁之境老师抓住了语文教育的根本，即让学生在语文学习上成为"活"人。

丁之境老师遵行共生法则，教学相长。

所谓相长，就是师生彼此促进，相互增益。杜威说：教育即生长。这生长是师生的共生共长。丁之境老师认为，相长出生气，就是互为生长发育的元气和气场。丁老师与学生相互强化着生命的根本，彼此激发着有生力量，共同享受语文活动的生趣，彼此添彩，竞相辉映。

丁之境老师教学业绩和文章写作精彩纷呈。他的课堂教学深受学生喜欢和留恋，也在区域内产生了一定的影响。丁老师先后荣获广州市十佳青年语文教师、广东省教育厅岗位排头兵、全国中语会"教改新星"、广东省中小学名师工作室主持人等称号，并获得广东省初中语文教师作文教学大赛一等奖。"师生共写"是他作文教学的一个常态，在和学生共同写作过程中，丁老师在省级报刊上发表了大量的散文随笔，在专业期刊上发表了几十篇教学论文和案例。

丁老师的出彩，也照见了学生的出彩，这是彼此赋彩，生生化化，相长不绝，变化无穷。

丁之境老师的这本书是他思考轨迹、课堂形态、语文生活直接的、无遮蔽的呈现,这种呈现因其鲜活而有意义。语文教师、中学生还有家长都可以从中得到可贵的借鉴。

罗易

2018年3月于广州

罗易:广东省人民政府督学、广东实验中学正高级教师、广东省基础教育系统名教师、广东省中学语文特级教师、首批广东省教师工作室主持人、华南师范大学教育专业学位研究生导师。

## 序言二　愿我们,以美好的姿态生长

"我们,都需要怀旧。"

读到之境这行字的时候,窗外正飘着细雨,轻风吹着嫩芽,绿树微笑不语,鸟儿翩飞着丈量着天空。微雨湿润,田园含烟,生命以各种方式涌动着生长的欲望,四月的江南处处交织着谦逊与张扬、矜持与急切。

这似曾相识的美好景致在之境的文稿里也是处处流淌:办公室门口移植来的两棵鸡蛋花树,简单明亮的墙体上不断攀爬的那抹绿,高唱生命之歌的金苦楝树,逗留在唇齿间的那些花香,阳台上四季常驻的葳蕤清芬……之境敬重人间草木,用心地对待世上每一株草,每一朵花,更用清新细腻的文字留住花草生命里种种最美的姿态，这份对自然万物的虔诚敬畏和悉心呵护，着实令人钦佩。物质年代，我们都曾不止一次地抱怨这个世界过于功利，又在急匆匆的步履中遗忘了草尖上滚动的露珠、花瓣下飞舞的蜂蝶、落叶枯黄的叶脉里生命的痕迹。那闪耀着星光流淌着微风的天空，那覆盖着野花、碎石和青草的土地，那些站立在我们周遭的树木，终将把我们鄙夷地抛弃。我们不知，还走得狂妄。之境却能静下心来，用自己的文字收藏冬日的枯树，收藏村野旧杏花，收藏故乡泥土的气息，收藏来自这个世界的美好回响。草木就在眼前，视而不见的人终究无法感动于这样细小的萌动与摇曳，之境，极其感恩地让这些简单美好的姿态参与了语言的运动，他的心，也因此被近处或远处的某颗真诚的灵魂收藏。

　　为尘世卑微的生命抒情，向大地上静默的生长致敬，这应该就是之境要的"怀旧"。它是发现，是铭记，是感恩，是坚守，是不忘初心，是回归我们的精神家园。语文人，当如此。

　　一起读读之境的语文生长姿态吧。

　　语文教师的生长，基于真诚的写作。我写

故我在，记录生活细节，构建精神家园，遇见最好的自己，写作的确是教师成长的有效途径。正如马提亚尔所说："回忆过去的生活，无异于再活一次。"写作，就是让我们叩响回忆的门，让我们重回走过的路，让我们面对狭窄和渺小，让我们朝向广阔和丰富。教师要有教育之眼，有教育之心，还得动动教育之笔。用真诚的文字，将平淡如水的生活岁月定格为永恒，将灵感和思想化成教学生命的财富。肖川教授认为写作是最能体现一个人的综合素质的，教师有意识地去创作，"把你的感动、你的困惑、你成功的探索、你的希望与梦想变成文字，写成文章。你会发现你的气质、情怀，你的内心世界，慢慢地、慢慢地，变得纯净，澄明，变得细腻和丰富"。窦桂梅老师呼吁教师要用写来改变自己的生命属性，"用笔静静记录下自己，并在写作过程中发现崭新的自我"。写作致善，写作致远，之境写花，写树，写人，更写出了语文教学生活的温情和理趣。人与人的相逢，人与自然的相知，人与环境的相惜，人与文化的相守，之境用笔细细还原、静静记录并传递出温暖与真情。我们读到他对教育和提携他的语文老师的真情回忆，读到他对少时求学生涯的深情回忆，读到他对故乡年味的反复咂摸。班级趣事、社会一角；窗外景致、旅途见闻；文化思考、心绪点滴……之境都能信手拈来，妙笔成文，让自我心灵与生活细节诗意栖居。之境的不懈写作开始成为一种生命的自觉，更令人感动的是，不仅他的内心洋溢着言语创造的激情，对学生精神世界的影响也因此变得深刻而悠远。师生同题写作的几篇文章，或写开花的树，或说照片往事，文质兼美，情真意切，让人深为感动。如此引领学生走进精神创造的殿堂，如此润泽心灵滋养灵魂，教育姿态无限美好。

语文教师的生长，基于深刻的思考。我思故我在，永葆语文生命，就需要你永远拥有思想的活力和思考的动力。信息时代，太多纷杂的声音，易于得到的百度结果，很容易让我们困惑、惰怠和迷失。活在当下，盲目从众是一种安全的诱惑，哗众取宠是一种名利的诱惑。但教育是灵魂唤醒灵魂、思想影响思想的事业，有思想、会思考的教师，才能真正感悟教育、理解教育、践行教育。有思想者，不因浮华而盲从，不为浮躁而跟风。善思考者，远离浮躁与虚妄，在喧嚣纷扰前坚守自己的精神家园，宁静中自有清醒，孤独中自有深刻。生活、工作在繁华的都市广州，之境没有淹没在嘈杂中，而是努力让自己成为会思考的苇草。他时常提醒自己做有思想的教师，以独特的语文人的视角观察分析当下的教育，坚守自己的语文教育理想。他理解的教育，其过程本是拔苦和与乐的过程，是把人的发展写在旗帜上的回归原点的教育，是最需要积淀和定力的事业。他向往的教育，不因竞争熄灭人性之光，在不明亮的时候能帮孩子点燃灯火，是适度的爱的教育，是能陪伴孩子一起跑的教育。之境爱思考，开花的树前，他读出生命的长度和厚度；惊鸿一瞥，他沉浸在爬山虎绿意中的美学思考；仰望密西西比河畔的榆树，他缠绕在挥不去的乡愁中。思考的人，敏感，聪慧，安静，又有无限活力，善于在生活场景中寻找到教育思维的激发点。一瓣馨香，一部电影，一本小说，课堂，会场，跑道，教育无所不在，语文因此更美。独立的思想是自我人格的完善，是教师自我价值的真实实现。之境儒雅，清澈，阳光，这都有赖于他勤于思考，善于思考。教而不思则滞，思想在场，生长才有无穷的力量。

语文教师的生长，基于实在的教学。我教故我在，教师是靠课堂立身的人，课堂，才是语文教师最重要的生长平台。不到园林怎知春色如许，语文教师要提升自身的专业素养，就必须反反复复地在课堂中行走，有意识地自我修炼、勤做实践。遗憾的是，交往几年，我却一直没有现场看过之境上课，倒是他，客客气气地听了我几节课。之境应该是极喜欢课堂热爱教学的人，和我谈起语文教学时都是聚精会神、喜形于色。这一辑文章读下来，最让我钦佩的是，之境并没有大张旗鼓地给自己的语文立名，贴之以高大上的语文教学模式标签，这在追逐时尚、工于功利的当下，尤其难能可贵。语文教学，贵在坚守本真。之境的语文课，实实在在，真真切切，充满了活力，看得见生长。开学第一课和孩子们聊语文，第二课说说"语文，真的有意思"，坚持课前三分钟演讲，教学中巧妙引导学生探寻语言文字背后的秘密，开设阅读交流展示课让学生慢慢接近文学大师，分享自己的阅读思想，师生同题写作文，和儿子的语文式闲聊……课内课外皆语文，哪一堂课不是鲜活的、生动的、实实在在的呢？之境写的教学随笔，很能把人带进他的教学现场，这其中最让人感动的是之境对学生的真教真爱真尊重。怀特海的《教育的目的》开宗明义说："学生是有血有肉的人，教育的目的是为了激发和引导他们的自我发展之路。"说好话，写好文，做好人，之境教语文，始终从学生立场出发，扎扎实实地培养学生听、说、读、写等语文综合能力，着眼于学生的生命成长，使之获得服务于终身发展需要的成长元素。设计有趣味，教学有真味，课堂有情味，之境的语文课有灵气有滋味，无怪乎学生毕业多年还能如此回味！这样美好的课堂很容易让我想起于漪老师说的话："我们的课堂是时间和空间的聚焦点，是传统文化和现代文化包括时代精神的交汇点，是教师和学生心灵沟通的一个场所。"之境阐述其追求的语文课堂教学之境时用了这样的表述，即"感性同理性交融，简约和灵动共生，精微与深远相成"，读读他的课堂，想想他和他的学生，我觉得真是如此。

当然，初读这本书，我会觉得之境少呈现了一种生长姿态，即"我读故我在"。教师只有通过读书才能化育自己、导向博雅。阅读，是每个语文教师专业成长必需的生命方式。语文教学，说到底就是语文教师自身读写状态的生动展示。之境酷爱读书，为何不写写他的读书心得和读书体悟与我们分享呢？后细细一想，之境不刻意铺展，其实就是告诉我们：读书，是语文教师的生命呼吸，是融入教学生命的每一个时光印痕里的。这本书里，处处都是之境读书的痕迹。他读树，读花，读万物天地，读出了人生哲理和生命自觉；他读人，读事，读世间眼眸，读出了语文思想和教育大道。人间草木尽成诗，世上行走都是文，读书促思考，读书丰写作。之境，一个很好的阅读者，一个很真的践行者！

或者，这种有意无意的空白更是"我们，都需要怀旧"的最好呼吁！纷扰嘈杂的今天，心灵的湛蓝渐被吞噬，欲望的阴霾正当蔓延，多少人辗转在尘世，为的只是实用和物质。怀旧，不是让我们回到过去去做无病呻吟，而是提醒我们在精神缺氧的今天去找回纯真和美好，在刷屏时代中留存生命生长的记忆。如之境那样，读书，思考，写作，坚守课堂，亲近自然，丰沛生命，与最好的自我相遇。

这是一种回归！回归心灵家园，回归生命本真状态，回归教育的美好姿态，回归语文生长的初心！感谢之境"怀旧"的文字，带我们幸福地转身，走向语文生命的高处。

此时，雨停，春天的阳光薄薄地漫过窗台。这个世界，天清地宁。

原来，怀旧，更是为了迎新，为了出发，为了远方。

之境，愿我们，都以美好的姿态生长。

2018年4月于永嘉

肖培东：浙江省特级教师，教授级中学高级教师，"国培计划"教育讲座专家，《语文学习》杂志"镜头"栏目主持人，首届全国"我即语文"教学奖获得者。著有《我就想浅浅地教语文》《教育的美好姿态》等。

# 目录

## 辑一 生长课堂——我教故我在

002 | 我和孩子们聊语文

007 | 语文，真的有意思

014 | 给我的名取个字

020 | 春天不仅仅是季节

026 | 爱生暖意

036 | 鲁迅是需要慢慢接近的

048 | 一个意外发问带来的意外精彩

055 | 借助教材作佳篇

067 | 起承转合写故事

083 | 对一颗伟大灵魂的庄严纪念

103 | 人类共同生命体验的诗意化表达

117 | 透明草

121 | 写作，请遵从内心的声音

128 | 和儿子的语文式闲聊

133 | 我为什么要带孩子背诗

137 | 我想和大家说那些未能说出的话

144 | 探寻语文课堂教学之境

## 辑二　思想在场——我思故我在

152 | 教育的慈悲

156 | 追求回归原点的教育

160 | 让子弹再飞一会儿

164 | 我们的孩子，到底需要一个怎样的人生？

168 | 在竞争中，我们失去了什么？

171 | 请帮孩子打开那盏灯

174 | 爱之度

178 | 从杂草中捡拾珍珠

181 | 一节跑题的语文课

184 | 陪你一起跑

188 | 当暴戾遇到宽容

193 | 倪隽哭了（师生同题）

## 辑三　诗意栖居——我写故我在

202 | 绽放的生命（师生同题）

208 | 两棵开花的树（师生同题）

217 | 爬山虎的消失

222 | 金苦楝之歌

226 | 唇齿间的那些花

232 | 冬日树画

235 | 村野旧杏花

239 | 密西西比河畔的榆

243 | 美的回响

247 | 总会想起那张照片（师生同题）

253 | 节日里（师生同题）

260 | 回忆我的语文老师

263 | 罗易老师

269 | 您就坐在我面前

275 | 我的班级

280 | 流动在空气中的感动

285 | 追随先生从百草园到三味书屋

288 | 窗外

292 | 一个人的散步

296 | 记忆中的年味

301 | 举手之间的冷与暖

305 | 凭栏聆风语

308 | 巫山观云

311 | 丽江的醒来是晚上

314 | 流淌的心音

## 附录

318 | 茶语说课——记丁老师的语文课　邬艳君

326 | 不只是语文——记丁老师的语文课　刘行健

329 | 语文的重量——记丁老师的语文课　王本昊

336 | 打开新世界的门——记丁老师的语文课　张睿涵


340 | 后记

"暮春者,春服既成,冠者五六人,童子六七人,浴乎沂,风乎舞雩,咏而归。"

一直很渴慕两千多年前的那个暮春,孔子和学生们一起游春踏青,一路上弦歌不断,老师和学生在大自然的怀抱里,欣赏着"暮春三月,江南草长,杂花生树,群莺乱飞"的美景,忘记俗世的忧烦,在和煦的风里手舞之、足蹈之,走累了,就找一青草铺陈之处谈谈诗文、议议人生,最后唱着歌,兴尽而归。这是多么和谐美好的一幅教育图景!理想的语文课堂不就是这个样子吗?虽不能至,心向往之。

这一部分收录了我的几堂课,以教学笔录和教学实录的形式进行呈现。这些课虽然简单质朴,但每节课都流淌着生命的激情,都充满着生长的气息,都洋溢着成长的幸福。

我一直在寻找课堂生长的曼妙。

辑一 —— 生长课堂 我教故我在

# 我和孩子们聊语文

## ——开学第一课教学笔录

| 教学背景 |

新生报到那天,我路过我要任教的班级。孩子们在进行自我介绍,我听到一个男生说:"我最讨厌的科目是语文。"他如此直率而大胆的话,换来了教室里的一片笑声。

这个孩子,我认识。这个班的孩子我之前见过,名字很熟悉,但很多名字和人对不上号。但这个男孩我印象很深刻,因为在学校组织的体验课结束后,数学老师告诉我这个男孩的数学思维是这批孩子中数一数二的。这个班有不少数学尖子,估计喜欢数学讨厌语文的不在少数。

如何改变他们对语文的认识？如何让他们喜欢上语文？我想这应该成为起始年级前半段教学工作的核心任务。开学第一课我打算以"语文是什么"为话题，采用师生聊天的形式，帮助孩子们重塑对语文的认识，明白语文学习的目的，了解语文学习的基本方法，点燃学生语文学习的热情。

| 教学过程 |

## 一、语文是什么？

（一）学生心中的语文

孩子们已经学了六年语文，对语文一词耳熟能详，我抛出了第一个问题：六年的语文学习，你们已经和语文成了形影不离的朋友，谁能告诉我语文是什么？

教室里举起的小手，像一片小森林。

孩子们一边说，我一边写在黑板上。

第一个孩子说，老师，我认为"语"就是说话，"文"就是把想说的话写出来，就是文章，所以语文是说话和写文章。

我表扬她，很接地气的回答，并且理解得很准确。

第二个孩子说，老师，我觉得不管是说话还是写文章，其实都是人和人之间交流的工具。

我心想，莫非这孩子看过语文课程标准？

第三个孩子说，语文就是语言文字，口头为语，书面为文。

我直接点赞，这可是我国语文泰斗叶圣陶先生的话，你真了不起。

第四个孩子说，我认为"语文"的"文"更多是文化，不仅仅是文学，有比文学更广阔的内容。

我说，你的视野更广阔，老师欣赏你的文化视野。

孩子们就这样一个个接着往下说：

有人说语文是一种境界，有人说语文是一种生活方式，有人说语文是审美的，还有人说语文可以提升我们的内涵和修养，文以载道，最后一个学生说，语言和思想是人和动物的区分标志。

他们其实还是小学六年级刚刚毕业的孩子，但对语文的认知远远超过了他们的年龄。看来，这帮数学尖子中还是有一批语文学习爱好者的。

（二）老师心中的语文

孩子们对语文的认识，我进行了梳理和归纳，总结为以下几点：

1. 语文是一门学习语言文字运用的综合性实践性的课程。语文实践主要包括听、说、读、写四项。

2. 语文要学语言文字。"语"者，语言，"文"者，文字，"语文"就是语言和文字。这是语文学习的基础。

3. 语文一定离不开文学。语文是一种诗性的光辉,一种厚重的关怀,一种浪漫的情怀。

4. 语文必然会涉及人类的各种文化,尤其是我们民族的优秀文化。中华文明孕育了浩瀚悠远的华夏经典,这些经典已成为中华民族文化的基因,不但滋养孕育着过去与现代人的精神生活,而且对我们的未来发展也具有不可替代的作用。

5. 语文更是生活。所言所行,所闻所见,皆为语文。语文既是生活通俗的,也是高雅审美的。语文既是感性浪漫的,也是理性科学的。

## 二、为何要学语文?

其实,在刚才的课堂发言中,孩子们已经从不同侧面回答了这个问题。

我展示了现代著名诗人、散文家,同时又是语文教育家朱自清先生的一段话:

语文学科具有双重目的:一是养成读书、思想和表现的习惯和能力;二是发展思想,涵育情感。

我告诉孩子们:语文学习的核心目的是提高自己语言文字的运

用能力，同时也是为了提高自己精神生活的质量，升华自我，感悟人生，构建自己的精神家园！所以在各个学科里，语文学习中培养的素养是最有可能陪伴我们每个人终生的。这就是北大中文系陈平原教授所说的"一辈子的道路，很可能取决于语文"。

## 三、如何学好初中语文？

关于初中的语文学习，我给孩子们提出了一些建议和要求，并让他们记录在课本目录后的空白页上。

重背默：经典诗文要熟读成诵，准确默写，练好语文童子功。

多读书：一学期我们要完成十本书的阅读，四本必读和六本自主阅读，定期组织读书交流会。

勤写作：养成记录生活的习惯，培养写作的意志，做一个对生命敏感的人，做一个对生活用情的人。

会思考：要学会思考，懂得辩证看问题，敢于质疑，有自己的观点。

敢表达：课堂上要勇敢大方地表达自己的观点，大胆提问，大胆发言。

上课铃响之前，我让他们自荐语文课代表。下课铃响起，一个女生给了我一张纸条，上面写着要做语文课代表的学生的名字，我数了一下：九个名字。希望这是一个美好的开始。

# 语文,真的有意思
## ——开学第二课教学笔录

| 教学背景 |

这是孩子们进入初中后的第二堂语文课,我想继续和他们聊语文,聊的总话题是"语文真的有意思"。让孩子们从一开始就喜欢上语文,于我而言,这是一件很重要的事情。

| 教学过程 |

💬 **话题一:表达的雅与俗**

让学生体会同一个意思,不同表达的雅俗之分,感受语言的魅力。

**PPT 展示**

1. 别睡，起来嗨。

   昼短苦夜长，何不秉烛游！——《古诗十九首·生年不满百》

2. 想死你了。

   青青子衿，悠悠我心，但为君故，沉吟至今。——《短歌行》

3. 我们不合适。

   相濡以沫，不如相忘于江湖。——《庄子·内篇》

4. 你不是一个人在战斗。

   岂曰无衣，与子同袍。——《诗经·秦风》

在笑声里，孩子们感受到，同样的意思，不同的表达，有雅俗之分，语文学习可以让一个人变得"谈吐文雅、举止优雅、气质高雅"。

## 话题二：汉字之趣

**PPT 展示**

一个民族的文字里，蕴藏着这个民族心灵的秘密。以字为师，千载之下叩问先祖的初心。凡解释一字，即是一部文化史。

——陈寅恪

同学们听说过中国老一辈人"敬惜字纸"的传统吗？

许舒越同学把手举得高高的："老师，我知道，以前有人专门沿街捡字纸的,身后背篓上贴着纸条,上书'敬惜字纸',写了字的纸不随意丢弃,他们把这些字纸集到一起,放进窑里焚烧成灰。"

我补充说:的确如此。张冠生先生在《一字之徒见天机》一文中写道:"老辈人敬惜字纸,有理念,有仪式,有传统。纸灰也敬惜,累次集中,隔一段时间,开坛祭祀仓颉后,送至江河……敬惜字纸,敬的是字,惜的是纸。字与纸,交织出历史、文化、文明。礼义廉耻,温良恭俭……字字可敬……"

所以,每一个汉字都是暗含天机的,值得我们去敬,值得我们去品读揣摩。

## PPT 展示

以谦卑之心,做一字之徒。不识一,难识二;不识二,难识三;不识三,难识万物。人之初,一字徒。

谁知道孟子名篇中"一箪(dān)食(shí),一豆羹(gēng),得之则生,弗(fú)得则死"这句中"豆"字的意思?

又是许舒越举手:"豆是一种容器,形状有点像我们现在在用的高脚杯,只是比杯子大得多,材质通常是青铜。"

这个短发女生怎么这么渊博,她的头脑里似乎装满了各种知识。我在 PPT 展示了一张古代青铜豆的图片和"豆"字字体演变的图片:

| 甲骨文 | 金文 | 小篆 | 楷体 |

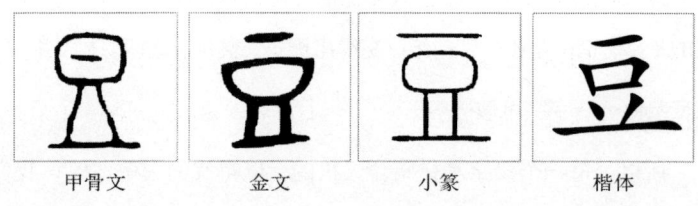

既然"豆"是一种容器,那豆类植物古代是用什么字表示的呢?"尗"!"尗"字就是古代豆类植物的总称。由于"豆""尗"两字在古代读音相近,后来逐渐通用,到了秦汉时期,人们干脆把"尗"称为"豆",这样就有了作为植物的"豆"字了。

你会区分"既"和"即"两个字在古文中的意义吗?

这个问题把孩子们难住了。我投影出了"既"和"即"两字的甲骨文,让孩子们寻找两个字的相同与不同。

孩子们首先发现了两个字右边的不同,第一个字的右边似乎是

一个脸朝右的人，而第二个字的右边似乎是一个脸朝左的人，两个字的左边基本一致，第二个字多了一横。

我对两个字进行了讲解：两个字的左边是一样的，多一横只是不同版本中的写法不同，左边是一个装满食物的器皿，右边是席地而坐的人。脸朝右，说明这个人已经用餐完毕，所以"既"字的本义即吃完饭，引申为尽、完，进而引申虚化为已经，表示"……之后"。"即"字的甲骨文为一坐着的人形，面对食器。本义：走近去吃东西。基本义是接近、靠近、走向，与"离"对举。

小练习：

①"望"字在古代是农历十五的意思，如果我想表示农历十六，可以写作（　　）望。

②可望而不可（　　）

## 话题三：阅读之趣——探寻语言文字背后的语用奥秘

**PPT 展示**

语文名师陈钟梁先生说："语文课是美的,这种美潜伏在语言的深处。语文课首先要上出语文味儿……要向学生传递语言深处的美。"

我们在初中阶段要学习很多篇课文,每篇文章语言文字的背后都有着无穷的语用奥秘等着我们去探寻,我先略举几例:

莫怀戚的《散步》一文的开头:"我们在田野散步:我,我的母亲,我的妻子和儿子。"你发现了这篇文章开头特殊的语言形式吗?你想知道作家采用这种语言形式背后的用意吗?

鲁迅的小说《故乡》写回忆中的故乡,为什么使用的是"深蓝的天空、金黄的圆月、碧绿的西瓜、紫色的圆脸、明晃晃的银项圈、五色的贝壳、五颜六色的鸟类"等词语?而写现实中的故乡,为什么用的是"阴晦,苍黄"等词语?写"我"与少年闰土的对话,为什么作者让城镇少年的"我"话少,而让乡下少年的闰土滔滔不绝,机敏灵动?

山中宰相陶弘景为什么会给谢中书写一封完全写景的书信?

……

这些有趣的问题,都等着大家在学习时进行揭秘。

> 💬 **话题四:写作之趣——写作可以让一个人变得更清醒、更具张力,也更有希望。**

关于写作,我向孩子们抛出了这样一个问题:我们为什么要写作?

孩子们的回答概括如下：

写作是情感流露、敞开心灵的需要；

写作可以记录生活，进而点亮生活；

写作可以梳理自己的思想，让自己更加清醒和理性；

写作可以让自己审视自己，从而认识自己，成为更优秀的自己。

在孩子们充分发言后，我也和他们分享了自己的写作体会：

写作在帮我们记录生活的同时，会培养我们对生命和生活细节的敏感，让我们学会凝视这个世界，进而扩展、净化、提炼我们的心灵。写作还像是一次自我的抽离，它让写作者暂时离开自己，从而更客观地去审视自我，更直接地去面对这个世界。正如加拿大学者马克斯·范梅南在他的《生活体验研究》一书中写的那样："写作是某种自我制造或自我塑造。写作是为了检验事物的深度，也是为了了解自身的深度。"

初中阶段的语文入门课上完了，最后我郑重地和孩子们说：希望初中三年的语文课能给大家带来智慧的启迪，愉悦的享受，永恒的生长，我们绝对不能只为了分数而学习语文，更不能用野蛮的愚蠢的手段获取分数。分数不是不重要，但分数不是唯一的。我们要做分数的主人，而非分数的奴隶。

# 给我的名取个字

课前三分钟演讲（或者叫说话训练）是我的课堂不可或缺的一部分，它融合了听、说、写三种语文实践活动，对提高学生语言文字运用的能力大有裨益。

作为初中阶段的第一次说话训练，我希望设计的话题能兼顾以下三点：一是内容上可以帮助孩子们相互熟悉；二是有机渗透中华优秀传统文化；三是要有浓浓的语文味。基于这些考虑，我确定了第一个演讲的主话题——"给我的名取个字"。

让刚刚进入初中的孩子给自己的名字取个合适的字，并非易事，我先利用半节课的时间给他们普及了古人"名"和"字"的相关常识。主要内容为：

今人都有名字，古人不仅有名，还有字和号。《礼记·曲礼》上说："男子二十冠而字"，"女子十五笄而字"。古代婴儿出生三个月时由父母命名，供长辈呼唤。男子二十岁（成人）举行加冠时取字，女子十五岁许嫁时举行笄礼取字。喊别人"字"是一种尊敬，平辈可以叫，晚辈也可以叫。

字由名衍生而来，所以字与名往往有一定的联系。概括而言，名和字的关系最常见的有以下四种：

1.意义相同，名和字是并列关系，简称并列式。例如诸葛亮，字孔明。杜甫，字子美。

2.意义相近，名和字相互辅助，简称辅助式。例如李渔，字笠翁。渔翁常戴蓑笠，名和字互相辅助。

3.意义相反，名和字正相反，简称矛盾式。例如曾点，字皙。点为黑污，皙为白色。王绩，字无功。成绩和无功正好相反。

4.意义相顺，字是名的补充或修饰，简称为扩充式。如苏轼字子瞻，取凭轼（轼是古代车厢前面用来做扶手的横木）瞻望的意思。

5.意义相延，字为名意思的延伸，简称为"延伸式"。如唐代大诗人李白字太白，杜牧字牧之。

常识普及完毕，要求每个孩子回去后给自己的名取个字，并写

出取这个字的理由。完成后,按照学号顺序每天一位在课前三分钟演讲中进行介绍。摘录部分同学的作业如下:

小女生梁怡倩,年方十三。"怡"取自"怡然自得"。故父母望吾可以和悦愉快。"倩"意为美好,父母愿吾之人生美好、精彩。昨日丁先生命吾等给名取字。思来想去,唯有"心画"二字合适。"言为心声,书为心画。"心画美,方可和悦、愉快,人生方能美好、精彩。(梁怡倩)

妈妈是一个语文老师,我的名是她起的,取自《礼记·杂记下》的"文武之道,一张一弛"。爸爸也觉得不错:"张弛有度,好!"就这样,我的名字诞生了——张弛。时隔十二年后,丁老师让我给自己的名取个字,我很自然地就想到了"有度"二字。为什么取这个字呢?首先取这个字正好顺应"张弛有度"这个成语。其次,我也希望自己能做到学习自如,劳逸结合。愿我能像我的名字一样,张弛有度!(张弛)

我的名字叫徐昊原。我曾经好奇地问过我的父母:"爸爸妈妈,为什么要给我起一个这样的名字呢?"他们笑吟吟地对我说:"'昊'与'浩'同音,'原'是平原、草原的意思。给你起这个名字是希望你的心胸能像大海和草原一样浩大无垠,目光长远。"根据名字的含义,我给自己取的字是"致远",

我希望自己的眼光能够"致远",心胸能够"致远",我还希望自己在学习上也能"致远"。(徐昊原)

我叫刘家毓。家,是小家,亦是大家,可引申为国家或集体。毓,就是钟灵毓秀,意为汇集天地灵气,孕育出优异的人才,有点造化钟神秀的意思。它出自曹雪芹著作《红楼梦》第三十六回:真真有负天地钟灵毓秀之德!这个名字最直接的意思就是希望我优秀,而更深处则蕴含着以自身之聪慧为集体做贡献的期望。看似平凡的名字中有着全家人对我殷切的期望,在我气馁时,为我加油,当我迷茫时,给我方向,我岂能不努力?

古人云:字如其人。这个"字"不仅仅是字体的字,还是名字的字。一个人的字,就是他对自己的期望。俗话说:男儿当自强,当者,担当也,就是要有责任心。我的脑海里迅速闪过了刘责任,刘担当……当然,也只是闪过而已。思来想去,鉴于我的文学功底实在有限,就请教了妈妈。妈妈思考片刻,说:"字任之,如何?"我不解。妈妈说:"任之,其含义一:担当起你该负责的,就是担当,有责任心。含义二:做好自己。不管身边的流言蜚语,就任之,做真正的自己。"我对妈妈竖起了大拇指。这正是我要的,亦是我努力的方向。我希望我能像妈妈说的那样,做最好的自己,做最好的省实人!(刘家毓)

我曾问过爸爸妈妈，为什么给我起霍嘉琪这个名字？爸爸对我说："名字要响亮，易记。嘉，即美好，善良，纯真；琪，则取美玉之意。我和妈妈希望你纯真快乐，像君子那样以德佩玉。"

给自己取一个字，取哪个字才能和我的名相吻合呢？

我想到了"山薮藏疾，瑾瑜匿瑕"中的"瑾瑜"；

我想到了"吴志有薛综，子珝"中的"子珝"；

我想到了"见素抱朴，少私寡欲"中的"抱朴子"……

无数个词从我的脑海中涌出，可我仍不满意，这些都不能完美诠释父母对我的殷切期望。后来，脑海中闪过一个词——子夏，"子夏，子夏……"我喃喃自语，"这不是孔子的一个学生吗？"我又忆起子夏的为人"好与贤己者处"，孔子也称赞他"博学笃志，切问而近思"。顿时，一股敬佩之情油然而生！我决定把我的字取为"子夏"，先学做人，后学文化。做到抱朴守真，做一个有胸襟、有情怀、有文化、有志向、有涵养的人。

（霍嘉琪）

我叫陈倚淇，其实我一直没留意过自己名字的意思。老师布置的"给自己的名取个字"这个任务激起了我的好奇心。询问过妈妈后，才知道"淇"不是代表冰淇淋，而是指在河南省中南部的那条著名的河——淇河。

这要从诗仙李白在《魏郡别苏明府因北游》中写的一句诗"淇水流碧玉"讲起,这是妈妈看书时无意中翻到的,其意是:淇河的水源源不断地流淌着,宛如碧玉一般。后来,她得知这是中国污染最轻的河流之一,便和爸爸商量给我取下这个名字,希望我像淇河一样充满活力,生机勃勃。

我给自己起的字是"从心"。所谓"从",就是"遵从",我希望我能遵从自己的本心,努力地追逐梦想。这个词也出自《论语》,孔子曾说,他七十岁时能做到"从心所欲不逾矩",这时,孔子已经达到了主观意识和做人的规则融合为一的阶段,是道德修养中最高的境界。因此,这个字也能像指明灯一样,激励我不断朝着这个目标努力!(陈倚淇)

限于篇幅,不能把孩子们的文字尽收于此。没想到一个小小的课前活动,竟在班上每个家庭引发了如此大的回响。父母们开启了人生中最美好最温馨的记忆,那是自己生命得以延续的大喜悦和对新生命最美的大期许,所以一定要寻找到最美的字给孩子。孩子们在对自己名字意义的探寻中,和父母一起追根溯源,重翻文化典籍,重拾汉字之美,重温汉语之魅,他们说这样的语文活动有意思。

# 春天不仅仅是季节
## ——《春》课堂教学笔录

| 教学背景 |

朱自清的散文名篇《春》语言优美，结构清晰，它以诗的笔调描绘了我国南方春天万物复苏、生机勃发的景色，它既是一曲春的赞歌，又是作者积极追求美好人生境界的心灵写照。本课的教学重点有两个：一是揣摩品味课文富有表现力和感染力的语言；二是准确把握作者的情感，培育学生积极追求美好并为之奋斗的人生态度。美文需美读，本课教学以"读"贯穿始终，在朗读中感知，在寻读中理解，在品读中揣摩。本文重点记录了本课第一课时的教学情况。

| 教学过程 |

### 💬 小错误生成的美丽

美文需美读,先是让孩子们自由读,力求读得正确流畅。然后又分组读,力求读得抑扬顿挫,有情味。

读了几遍后,我让孩子们寻找文章中作者赞美春天的句子,并用最快的速度背下来。他们很快就锁定了课文的最后三段:

春天像刚落地的娃娃,从头到脚都是新的,它生长着。

春天像小姑娘,花枝招展的,笑着,走着。

春天像健壮的青年,有铁一般的胳膊和腰脚,领着我们向前去。

不到三十秒,临风第一个举手示意他可以背出来了。

我叫他起来背诵这三句话,可是他把第二句背成了:"春天像花枝招展的小姑娘,笑着,走着。"

在同学们善意的笑声里,他有点尴尬地坐下去。

学生在课堂上的错误往往是非常好的教学生长点,我自然不会把它放过。我说:"临风同学虽然背错了句子,但他给我们提供了一个很有价值的学习内容。请同学们比较一下他刚才背错的句子和原文的句子有什么不同?两个句子的表达效果一样吗?"

这样自然生成的问题，孩子们的兴趣自然也很浓郁。很多小手都举起来了，他们渴望在同伴面前分享自己的发现。

绮涵首先发现了语言形式上的不同："老师，李临风把'花枝招展'的位置弄错了，原文在后面，并且是独立出现的。"

她的同桌郭瑶补充："这应是句子的倒装吧，这样可以突出春天花枝招展的特点。"

我继续问："能否把'花枝招展'放回到前面？"

旁边的霍嘉琪举手说："我觉得不可以，课文最后三大段，都是把修饰语放在后面，并且独立出现的，这样既可强调春天的特点，又令三段句式整齐，简短有力啊。"

我让孩子们把这个发现旁批在书上：定语后置，且独立成句，起强调突出的作用。然后，我让同学们把掌声送给李临风，因为他无意中的失误给大家提供了一个如此有价值的学习点。

## 💬 品读春天的"新""美""力"

我让孩子们继续研读课文最后的三句话：作者把春天比作娃娃、小姑娘、健壮的青年，是想赞美春天的哪些特点？

他们很快找出来了，"娃娃"照应着春天的"新"，"小姑娘"照应着春天的"美"。可"青年"对应着春天的什么特点呢？一时众说纷纭，有说"健"的，有说"壮"的，有说"力"的。

我在黑板上写下了"新""美""力"三个字，有孩子在下面问："老师，为什么选'力'字啊？"也有机灵的孩子在下面呼应"春天的新美丽嘛"。

为了让课堂顺利进行下去，我用手势让开始喧腾的教室安静下来："等会儿老师再和大家讨论为什么选'力'字。大家先来思考这个问题：从课文哪些语句中可以读出春天的'新'？作者把春天比喻成刚落地的娃娃的目的是什么呢？"

略作思考后，前几排的孩子把手举得高高的。我却把目光投向了最后几排的男生，我指名让昊原来回答这个问题。看得出来他有点紧张，但在我鼓励的目光中，他渐渐放松下来。"我从'一切都像刚睡醒的样子，欣欣然张开了眼'这里读出了春天的'新'。我们每天睡醒，睁开眼看到的就是崭新的一天，春天来了，万物复苏，所以一切都是新的。"

我用激励的语言回应他："是啊，一天之计在于晨，一年之计在于春。万物复苏的春天，山、水、太阳、草儿、花儿、泥土的气息、青草味儿、空气、鸟鸣、牧曲都是新的，整个春天都是新的。"

接下来，羽斯说，她从"嫩嫩的，绿绿的"这里读出了春天的"新"，因为只有刚刚萌发出来的草才是嫩绿的。郭瑶说，她从"草软绵绵的"这里读出了春天的"新",因为夏天坐在草地上的感觉很扎屁股,只有初春的草地才会给人软绵绵的感觉。

以祺的发现更加独特,他说他是从"酝酿"这个词中读出了春天的"新",因为"酝酿"指的是酿酒的过程,也可以指事情逐渐成熟的准备过程,准备的过程,说明还没有完成,当然是新的了。

孩子们的发现一个比一个精彩,我心想:这不就是语文学习的魅力吗?发现别人未发现的,揣摩出自己原来品味不到的。

在孩子们充分品析的基础上,我抛出了"娃娃代表着什么,作者赞美春天是想赞美什么"这个问题,问题似乎过于简单了,他们几乎异口同声地回答:"娃娃代表未来,代表希望。朱自清赞美春天,就是赞美未来与希望。"

接着他们从树上红粉色的花里,读出了春天的色彩艳丽之美,从繁花嫩叶中鸟儿鸣叫声中和牛背上的牧童短笛声中读出了春天的欢快与愉悦之美,从细雨、薄烟中读出了春天朦胧的诗情画意之美。

小姑娘代表一切美好的事物。朱自清歌颂春天,就是歌颂对美好事物的追求。

……

孩子们最关心的问题来了:请结合课文中的某个字(或词),进行咬文嚼字,品味春天的"力",并思考作者把春天比喻成健壮的青年的目的是什么呢?

孩子们自由寻读,然后分享交流:

我从一个"钻"字上,看出了小草旺盛的生命力,那得用多大劲儿啊。

一个"让",一个"闹",一个"眨",把花、草、生物都拟人化了,描绘了一幅花儿竞放,蜂蝶追逐的热热闹闹的景象,这就是充满活力的春天!

一个"卖弄",形象地写出鸟儿们活泼、愉快的情态,也表现了充满活力的春天给世界带来的万般喜悦。

那健壮的青年代表着什么呢?作者这样设喻的目的是什么?

在短暂的沉寂后,有孩子在下面说"青年代表着力量",还有孩子说"青年意味着奋斗"。

是啊,健壮的青年代表着力量与奋斗。作者歌颂春天,就是号召人们通过奋斗去创造美好的生活。

我顺势进行了小结:春天是新的,春天是美的,春天是充满活力的。但在朱自清的眼里、心里,春天不仅仅是个季节,春天代表着一切美好的事物。作者赞美春天其实是在赞美对美好生活的追求。为了我们人生的春天,我们每个人都应该振奋精神,鼓足干劲,为人生、为理想而不懈奋斗。

# 爱生暖意

## ——《济南的冬天》课堂教学笔录

| 教学背景 |

好的散文"贵在有我",好的散文教学也应重视文中的"我"。课文中的济南不仅仅是地域中的济南,地域中的济南属于任何一个济南人,而老舍心中的济南,却只在老舍一个人心中。这是老舍先生视为第二故乡的土地,也是作者灌注情感的土地。所以,本课教学的首要任务是引领学生体会作者对景物独特的感受及其寄予的深情。

语文教学不仅要让学生理解文本所表达的内容观点、情感态度,即"说了什么",更要让学生理解文本作者是用怎样的特定形式来表达这些内容观点、思想情感的,即"怎么说的"。理解这些表达经验，积累这些表达经验，以至在应用中模仿和创新这些表达经验，才是散文教学真正的落脚点。所以本课的教学重点确定为通过咬文嚼字、修辞赏析等方法引导学生去揣摩语言，学习表达，进而在质疑深思中探寻作者独特的心灵感悟和情感表达。

基于上述考虑，于是有了以下的课堂交流。

## |教学过程|

第四次教老舍先生的《济南的冬天》，我没有从第一段的"温晴"切入，而是带着学生从课文的最后那句话开始进入文本。

文章最后一句说"这就是冬天的济南"。我问学生，句中的"这"指代文中的哪些内容呢？我开始范读课文，让学生边听边圈点勾画，然后进行交流。

筛选信息自然难不住学生，他们很快就圈画出来了：

济南是个温晴的宝地。

济南像个婴儿，睡在小摇篮里。

济南雪后的小山太秀气。

济南城外小山上的小村庄，像一幅水墨画。

济南的水，暖而清澈。

💬 **品味字里行间的一往情深**

我让他们进一步提炼作者在文中都写了哪些景?

这个也不难,学生们很快就提炼出来了:山、雪、村庄。

我又问:"你们有没有发现在这些景物的前面,作者给它们冠上了同一个字来修饰?这是一个很不起眼,极易被忽略的字。"

反应快的孩子,立马说出了答案:"老师,是不是'小'字?"

暂时没发现的孩子也豁然开朗了,开始叽叽喳喳说文中的景物:"小山、小摇篮、小雪、小村庄、小水墨画、小团花……"

"不要这个'小'字行不行?"我继续追问。

"不行。有了这个'小'字,感觉济南的一切在作者眼里都是那么可爱,那么可亲。因为我们习惯这样称呼一些可爱的、自己喜欢的人和物,比如'小宝贝''小猫''小狗'等。"一位女生站起来说。

我把她的意思重复了一遍:"原来老舍给所写的景物前都冠上一个'小'字,会给读者带来可爱、可亲之感,表达的是一种温馨之情、怜爱之意。"

课继续往下走。我点击课件:

一切景语皆情语。老舍先生对济南的山山水水一往情深,字里行间都流淌着浓浓深情。请细读课文,看能否从细微处读出新的发现？可特别关注文中一些不起眼的副词、语气词等。

教室里安静下来，孩子们开始在文字中探寻自己的阅读发现。静水流深，我喜欢这样的静默时刻，越安静，思维就越活跃。果然几分钟后，孩子们陆续举起了手：

"济南真得算个宝地"，一个"真"字，充分表达了作者对济南的喜爱。

"真的，济南的人们在冬天是面上含笑的"，唯恐读者不相信似的，用"真的"来强调，再次表达作者对济南冬天的喜爱与赞美。

"水藻真绿，把终年贮蓄的绿色全拿出了"中的"真"字用来强调水藻绿的程度，表达了作者对水藻绿的精神的赞美，对济南冬天的喜爱和赞美之情。

我和孩子们继续品语气词的味道。

"你们放心吧，这儿准保暖和。"我们试着把"吧"字去掉，然后读出了这个"吧"字给句子平添的几分委婉亲切，还传递出作者深藏心底的对济南的那一份柔情。没有这个"吧"字，句子显得生硬多了。

我们读"最妙的是下点小雪呀"，一个"呀"字里有了感叹、欣喜怜爱之意，作者对小雪的喜爱之情呼之欲出。

"那水呢，不但不结冰，倒反在绿萍上冒着点热气"，文章前面写了"山",作者用"那水呢"很自然过渡到"水",一个"呢"字轻松亲切,仿佛在回答你的问话。

我进行了小结:课文多处使用了语气词"呀、吧、呢",把作者发自内心的感慨和赞叹之情传达出来,而这种感慨和赞叹之情又是在不经意间表达出来的,读起来让人感到自然、亲切。

继续品读,我又一次让学生去寻找新的发现:除了这些形容词、副词、语气词外,老舍先生为了更充分表达对济南的款款深情,还采用了比喻、拟人的手法。作者在文中把济南都比拟成了什么?这些喻体的选择有什么特点?

学生们很快找出来了:作者把济南城比作可爱的婴儿,把周围的山比作慈祥的母亲,把济南薄雪覆盖的小山比作俊俏的少女。母亲给人温暖、安适之感,少女给人秀美动人之感,在作者笔下,济南太完美了。

一个男生忍不住说:"济南的冬天真是太美了,又温暖又漂亮,我今年寒假一定要去济南走一走。"

### 💬 探寻语言文字背后的秘密

看着孩子们沉浸在对济南冬天的美好憧憬中,我有些于心不忍,但理性最终还是战胜了情感,我抛出了这个问题:济南的冬天真的有那么温晴吗？

课件上投影出了百度搜索的结果：

> 济南气候特点：冬冷夏热，雨量集中。冬季济南市受蒙古冷高压控制，盛吹寒冷的偏北风，一般6~8天有一次冷空气侵入，使气温不断降低。冬季最冷月平均气温在0℃以下，极端最低温度平均在-20℃以下，低于-10℃的严寒日数98%集中在冬季。

孩子们一下子炸开锅：老舍笔下的济南和现实的济南怎么会有这么大的反差呢？他为什么要骗我们？

很快要下课了，我让孩子们安静下来，给他们布置了当天的语文作业：带着这个问题，回去查阅资料，进行探究，并把探究结果写在随想本上。明天的语文课上进行交流。

在第二天的语文课上，我记录了以下的课堂发言：

> 梁睿：读完《济南的冬天》，心生一股暖意。一个冬天如春的城市如此美好，为什么不去看看呢？但当我深入了解时，我惊讶极了，济南冬天温度竟然是-20℃。为什么会有如此大的反差呢？在查找资料的过程中，我惊喜地发现，《济南的冬天》写作时间和老舍先生结婚时间相近。那就好解释了，一个正在爱的人是会不知不觉爱上整个世界的！老舍先生在寒冷的冬天

出行也高兴，为爱高兴，在他心里，哪里都是春天。因为，爱，滋生暖意。

林绮涵：相信大多数人读过老舍写的《济南的冬天》后，都会觉得济南冬天可亲可爱、秀美动人、气候舒适，从而产生向往之情。然而现实是很残酷的，不少被"骗"去济南的人都会抱怨：老舍就是个大骗子！但在我看来，老舍如此写济南的冬天，是有原因的。首先，要知道，老舍可是刚从伦敦回来的呀。那时的伦敦空气质量比较差，气候不太好，相比之下，济南确实舒服很多。更重要的一点是，老舍在山东任教了七年，称山东为他的"第二故乡"，足见他对山东、对济南的偏爱与深情。不论现实如何，老舍心中的济南都是美的。老舍说济南冬天是温晴的，其实未必是客观的气温，而是他心中有希望，心中好像住了个小太阳，是温暖的。俗话说"情人眼里出西施"，老舍既已把济南当作故乡，当作归宿，就会对济南产生更深一层的感情，怎么看怎么美。

霍嘉琪：《济南的冬天》是老舍先生1931年初写的一篇写景散文。老舍1924年赴英国，任伦敦大学东方学院中文讲师。1930年，老舍单身来到济南齐鲁大学任教，1931年夏和胡絜青结婚。在山东生活和工作的这段经历是老舍一生中最自由温馨、安定而难忘的时光,也是老舍文学创作的旺盛期之一。悲伤的人看事物总是悲伤的,喜悦的人看事物总是喜悦的。心境影响着人们对事物的感觉。老舍那时的心情是愉悦的,要不他怎么能从内心深处发出"……呀……吧……呢"这样的感叹呢?要不他怎能在字里行间融入他对济南的喜爱、赞美之情呢?原来是美好的心情造就了美好的景致。在老舍心里,原应大雪纷飞、北风呼啸的冬季没有了风,只有温暖。这也许就是老舍笔下的济南与现实迥然不同的原因吧。

……

限于篇幅,很遗憾不能一一呈现孩子们精彩的发言。看着他们踊跃地举手,想和同学们分享自己的阅读发现的急切与渴望溢于脸上,我也被孩子们深深感染了,能和孩子们一起去探寻文本的奥秘,分享文本解读的乐趣,这不就是阅读的魅力吗?

我作了课堂总结:从大家的分享中,我们明白了文中的济南不仅仅是地域中的济南,还是老舍先生视为第二故乡的济南,更是作者灌注情感的济南。地域中的济南属于任何一个济南人,而老舍心中的济南,却只在老舍一个人心中。

最后,我和孩子们一起带着老舍先生的这份独特的温情,在诵读声中结束本课的学习:

**PPT 展示教师根据课文内容创作的小诗**

寒冬

这里无风

有和煦的暖阳


像一位母亲　用温暖的慈爱

呵护泉城的面容　笑语盈盈

像一位少女　用羞涩的粉红

装点老城的生命　年轻永恒


泼一碗水墨

将城外的远山化为名家的丹青

掬一捧清泉

将城内的天空映成空灵的水晶

亮了眼睛

绿了心灵


温晴的宝地

温馨的记忆

这就是冬天的济南

这就是济南的冬天

# 鲁迅是需要慢慢接近的
——《朝花夕拾》阅读交流展示课教学笔录

## 教学背景

  《朝花夕拾》是统编版初中语文教材推荐的必读名著。该书是鲁迅所写的唯一一部回忆性散文集,原名《旧事重提》,一向得到极高的评价。鲁迅说,这些文章都是"从记忆中抄出来"的"回忆文"。这部作品比较完整地记录了鲁迅从幼年到青年时期的生活道路和经历,生动地描绘了清末民初的生活画面。它将往事的回忆与现实的生活紧密地结合起来,充分显示了作者关注人生、关注社会改革的巨大热情。但由于本书的写作背景与现代中学生所处的时代相去甚远,再加上鲁迅的作品语言有机融入了古语、外来语、方言的成分，所以初中阶段的学生阅读此书会有一定的障碍，甚至有畏难情绪。

基于上述考虑，帮助学生设置阶梯式的阅读任务是本次教学的首要任务；在学生完成阶梯任务过程中，除了培养学生自主阅读的能力外，还要培养学生借助家长、老师、同伴、网络等资源完成阅读任务的能力。本次阅读活动教学计划五周完成，第一周安排学生不带任何任务，自由阅读，第二周让学生给每篇文章写内容综述，第三周布置学生精选自己觉得最难懂的一篇，想办法读懂，并写出读书笔记，第四周上一节阅读交流展示课，后续开展"分享交流""活动写作""课本剧表演"等活动，推进学生阅读的深度。

我重点记录了阅读交流展示课的教学情况。

## | 教学过程 |

### 教学活动一：回顾三读，展示阅读初感

简单回顾了孩子们之前三读《朝花夕拾》的过程后，我在PPT上打出了部分学生阅读《朝花夕拾》的初步感受：

①初读鲁迅先生写的《二十四孝图》，简直就像是不识字的傻子在读《圣经》，比读甲骨文还要困难。

②我向来不大喜欢鲁迅的文章,若要我推选十大最难读懂的作家,鲁迅必然排名第一。他的文章硬邦邦的,啃起来很吃力,他的文字很艰涩,常常使你通篇读完仍不知所云。

③鲁迅不仅是文学泰斗,更是个谋杀犯!他的散文《二十四孝图》杀死了我数不尽的脑细胞。

三句话依次出现,每句话都能带出孩子们的笑声,因为这些话或多或少都说出了他们阅读时的感受吧。

在孩子们的笑声中,我很认真地对他们说:其实,大家一开始读不懂鲁迅的作品是很正常的,鲁迅自己都说他的文章是很难懂的。

**PPT 展示**

"我所想的和我所写的不一样。"

"我为自己写作和为他人写作是不一样的。"

"很多人都说我讲的是真话,但我并没有把我所想讲的话完全地说出来;很多人都说我很冷酷,第一是冷,第二是冷,第三是冷……"

——鲁迅

然后,我对孩子们说:对于鲁迅,我们不要急于去完全读懂,而是得尝试慢慢去接近他,因为接近鲁迅是需要时间和阅历的。

💬 **教学活动二：生生交流，展示单篇阅读成果**

通过投票，孩子们选出了这本书当中他们认为最难读懂的三篇文章：《二十四孝图》《无常》《范爱农》。根据学生第三次阅读时的作业，我邀请了三位同学来展示他们自主阅读《二十四孝图》《无常》《范爱农》的成果，要求从"初读的困惑，解决的方法，阅读的结论"三个方面进行展示，每人两分钟。

生1：看《朝花夕拾》，第一看不懂的要数《二十四孝图》。文题为《二十四孝图》，前半部分似乎文不对题，并且"老莱娱亲""哭竹生笋"两则故事在我读来并无不妥，鲁迅先生反感的理由着实奇怪。再读时，耐心读小字注解、查阅历史背景，大概推断出陈西滢先生是"尊孔复古"之代表，与大力推广白话文的鲁迅针锋相对。鲁迅反感《二十四孝图》其实是反对文言、提倡白话，反对旧文学、提倡新文学。"郭巨埋儿"是彻头彻尾的愚孝，作者是持坚决反对态度的；而对"老莱娱亲""哭竹生笋"，作者并不持尖锐反对意见，而是借此来讥讽"尊孔复古"之流从未如此实践过，实乃言行不一、虚伪滑稽。

生2：我读的版本是没有注释的，因此对于文中的一些词语、人物关系和他们的身份不太明白，同时鲁迅也没有在文中明显地表达他的感受，这都给我理解范爱农这个人物形象带来了困难。后来，我运用查找背景资料，文本细读等方法再去阅读、思考文字背后的深意，着眼点从小人物延伸至当时的社会大环境，最终读出了鲁迅文字中的幻灭感。鲁迅笔下的范爱农，是一个学业被迫中断，梦想破灭，而进一步被社会推入深渊的知识分子。黑暗社会的风雨将他推入水中，再也没有起来。在当时，还有多少知识分子，经历了同样的人生幻灭呢？文章末尾提到范爱农的女儿，她恰好中学毕业了，并且她不会有钱继续上学，那她是不是会像她爸爸一样呢？文章的最后一个字"罢"，引人深思！

生3：初读《无常》觉得文章晦涩难明，作者花了大量笔墨来写书里的、民间传说里的、戏里的和迎神时的无常形象，其意图到底是什么？二读时，我读得十分细心，读出了作者对无常的喜爱，也隐约预见了文字深处深埋的火药味。三读时，我结合注释以及文章中的字句，深入挖掘字句，发现文中有两个词出现得较频繁："公理"和"正人君子"。我认为，作者通过多场合、多方面的描写，塑造了一个"鬼而人""理而情"的公正无私、富同情心的无常形象，表达了他对人间社会不公正现象的绝望，也借此批判了社会上一些守旧的"正人君子"。可以说，无常是作者面对现实生活的无奈与愤怒时，在理想世界寻找的精神寄托。三读后,我发现鲁迅的文字并不是那么佶屈聱牙,我读出了鲁迅文字的深度以及其经久不衰的魅力。鲁迅的文章就像一块老面馒头,初试时略感艰涩,可越嚼越香,越嚼越入味。只要肯挖掘文字背后的深意,就可以在同一段文字中读出多重意味,就能在同一篇文章中品出不同的情感。我想,这才是阅读的真正乐趣吧。

……

我在学生自主展示过程中,把学生用到的读书方法罗列在黑板上:借助注释、文本细读、知人论世、交流探讨、文本互读等。

通过生生交流,在同伴互助和影响中,解除了阅读中的障碍,并深入理解了单篇文章的内容。

### 教学活动三:师生交流,读懂整本书

书的前言,往往就像一把钥匙,可以帮助读者打开书本这个世界的大门。在学生读懂单篇文章的基础上,我想引领学生借助《朝花夕拾》的"小引",把学生的阅读向深处再推进一步,揭示出潜藏在文本语言深处的奥秘,学会读懂整本书。

(一)借助"小引",进一步了解这本书的写作背景和写作动机。

我把"小引"中的"我常想在纷扰中寻出一点闲静来,然而委

实不容易"作为切入口,让孩子们阅读《朝花夕拾》的"小引",思考这里所说的"纷扰"在"小引"中具体指什么。

孩子们很快找到了文中的句子:"前两篇写于北京寓所的东壁下;中三篇是流离中所作,地方是医院和木匠房;后五篇却在厦门大学的图书馆的楼上,已经是被学者们挤出集团之后了。"

我又提出了一个新的问题:当年的鲁迅为什么会流离在外?又为什么被挤出了厦门大学?

为了帮助孩子们理解这个问题,我展示了以下相关的背景材料:

女师大风潮:1924年秋至1925年8月,北京女子师范大学学生因校长杨荫榆借故开除进步学生,不许学生追悼孙中山先生而爆发的"驱杨运动"。8月7日,教育部以学生闹学潮为借口,将该校解散,并认为学潮是鲁迅鼓动的,又下令免去鲁迅在教育部的相关职务。

现代评论派:1924年,胡适与陈西滢、徐志摩等创办《现代评论》周刊,被称为现代评论派,其成员多是欧美留学归国的自由主义知识分子。在女师大风潮中,鲁迅是站在学生一边的,而陈西滢、徐志摩等人是不赞同学生的行为的,呼吁当局要整顿学生,并写文章诬蔑学生。由此引发了鲁迅和现代评论派的论战。

三·一八惨案：1926年3月18日，北洋临时政府卫队开枪射杀包括刘和珍在内的四十七名示威学生和群众。鲁迅得知惨案情况极为震怒，称1926年3月18日是"民国以来最黑暗的一天"。他当天深夜就写下了著名散文《无花的蔷薇》，后来又写出了《记念刘和珍君》《淡淡的血痕中》等流传至今的战斗檄文。4月份，鲁迅被通缉。

这些材料的补充，帮助学生认识到：这些"纷扰"与这段时间鲁迅和北洋临时政府，特别是以陈西滢为主的"文人学者"的论战有关。从内心的记忆深处，寻找生命的闲静，来抵御这纷扰，这应是鲁迅写《朝花夕拾》的基本动因。

**（二）借助"小引"，读出《朝花夕拾》中的两个世界、两种表达、两个视角和两种心境。**

作者在"小引"中写到"文体大概很杂乱"，我问学生："有没有发现《朝花夕拾》中的文章文体很杂乱？"

孩子们的直观感受是该书的文体确实很杂乱，作者在回忆以前的人和事的时候经常会夹杂一些讥讽的议论。

我让孩子们读一读第一组回忆的语言和议论的语言，试着发现一下它们的不同。

那是一个我的幼时的夏夜，我躺在一株大桂树下的小板桌

上乘凉,祖母摇着芭蕉扇坐在桌旁,给我猜谜,讲古事。——《狗·猫·鼠》

我是常不免于弄弄笔墨的,写了下来,印了出去……万一不谨,甚而至于得罪了名人或名教授,或者更甚而至于得罪了"负有指导青年责任的前辈"之流,可就危险已极。为什么呢?因为这些大脚色是"不好惹"的。怎地"不好惹"呢?就是怕要浑身发热之后,做一封信登在报纸上,广告道:"看哪!狗不是仇猫的么?鲁迅先生却自己承认是仇猫的,而他还说要打'落水狗'!"——《狗·猫·鼠》

孩子们很快就发现了两个语段的不同:回忆旧事的文字是温馨的、慈爱的、柔和的,议论现实的文字是辛辣的、带刺的。

我把他们精彩的发现,写在黑板上:回忆的世界,温馨柔和的表达;现实的世界,辛辣带刺的表达。

我继续让孩子们齐读第二组文段,寻找这两段表达视角的不同。

家景正在坏下去,常听得父母愁柴米,祖母又老了,倘使我的父亲学了郭巨,那么,该埋的不正是我了吗?——《二十四孝图》

即使人死了……堕入地狱,也决不改悔,总要先来诅咒一切反对白话、妨害白话者。

……

整饬伦纪的文电是常有的,却很少见绅士赤条条地躺在冰上面,将军跳下汽车去负米。——《二十四孝图》

显然,这里有两个不同的表达角度,一个是孩子的角度,一个是成年人的角度。

我把这个发现也板书在黑板上:童年的视角、成年的视角。

孩子们接着读第三组文段,比较作者情感的不同。

一切鬼众中,就是他有点人情;我们不变鬼则已,如果要变鬼,自然就只有他可以比较的相亲近。我至今还确凿记得,在故乡时候,和"下等人"一同,常常这样高兴地正视过这鬼而人,理而情,可怖而可爱的无常;而且欣赏他脸上的哭或笑,口头的硬语与谐谈……和无常开玩笑,是大家都有此意的,他爽直,爱发议论,有人情,——要寻真实的朋友,倒还是他妥当。——《无常》

在中国的天地间,不但做人,便是做鬼,也艰难极了。然而究竟能有比阳间更好的处所:无所谓"绅士",也没有流言。——《二十四孝图》

我问学生:从文段里,你觉得作者更愿意喜欢阳间还是阴间,为什么会 ?

经过简单的讨论,孩子们的结论是:从这两段话中,明显感觉到作者在进行对比:由鬼构成的阴间和由"绅士"构成的阳间的对比,鲁迅显然愿意亲近阴间而疏远阳间。鲁迅可能是在现实中受到了伤害,所以要回到故乡与童年的记忆里寻求情感的抚慰与精神的寄托。

我继续板书:两种心境:抚慰与寄托、痛苦与孤独。

最后我进行了总结:我们通过书的"小引",读出了《朝花夕拾》中两个世界、两种表达、两个视角、两种心境。现实与回忆两个世界的抗衡与对立构成了此书的主体,我们就这样一步一步地读懂这本书。同学们此次的阅读之旅从惧怕、不懂到今天的懂得、感兴趣,在挖掘文字背后的深意中,阅读变得有趣。希望同学们能将阅读鲁迅、阅读经典进行到底!

## | 活动总结 |

这次前后持续五周的读书活动,用同学们自己的话说是最有收获、体会最深的一次。活动结束后,学生和部分家长总结了此次在老师指导下有计划地读懂整本书的感受:

罗单丹同学说:"这次阅读《朝花夕拾》,从起初的厌恶到如今的喜爱,或许过程中学到的知识会忘却,但学到的阅读经典的方法却令我终身受益。在阅读的过程中,最有意义的莫过于老师指导我们如何从整本书的角度去阅读,当看到老师把整本书的框架结构清晰地呈现在黑板上时,我顿时对阅读产生了浓厚的兴趣。在这次读书的过程中,我还渐渐地培养了善于发问和思考的能力,而这个从不懂到懂的过程,则是无与伦比的美丽。"

罗含一同学的家长说:"老师让孩子们三读《朝花夕拾》,孩子想不到,我们家长也想不到。本以为鲁迅的文章对于初中的孩子来说简单了解即可,没想到通过三读,孩子用自己的方法理解了鲁迅先生所处的时代、文章的深意。这是非常难能可贵的语文教学,更是难能可贵的思维学术训练。我相信这种读书过程中的深度思考——查找资料、讨论分析、寻根溯源,都将成为学生在今后求学道路上有益的实践经验。"

很高兴看到这样的探索和实践受到了学生的欢迎,得到了家长的赞同。培养学生的阅读兴趣,教给学生阅读的方法,拓展学生的阅读广度,推进学生阅读的深度,我会将这样的探索进行到底,为孩子们的语文素养和人文精神奠基。

# 一个意外发问带来的意外精彩

## ——《答谢中书书》课堂教学笔录

一直觉得《答谢中书书》没什么嚼头,无非就是一篇词句清丽优美的写景短章。所以再讲此课时,我依然按照之前上过的思路进行了设计:作者简介——美文美读——理解词句——赏析写景——体味情感。

向孩子们简介了陶弘景后,课堂进入了美文美读环节。没想到在初读时却出了问题,孩子们把课文标题读成了:答谢/中书/书。我打断了孩子们的朗读,向他们提出了本堂课的第一个问题:课文的标题是什么意思?

"感谢一个名叫中书的人的一封信呗。"一个男生随口答道。

语文课代表,是一位有点泼辣的女孩,立即反驳:"肯定不是啦,课文下面的注释①明确告诉我们'谢中书,即谢徵,字元度'。所以题目的意思应该是,应答谢中书的一封信。所以应该读为'答/谢中书/书'。"

"你们觉得谁讲的有道理?"我把问题继续抛给了学生。学生毫无异议地认可了语文课代表的解释。我对"答"字进行了强调:"'答'在这里是应答的意思,古人有相互写诗作文应和之雅趣,比如老师给大家推荐过的《酬乐天扬州初逢席上见赠》就是刘禹锡为了答谢白居易写给他的诗歌而作的,'酬'即答谢,这样的诗被称为'酬和诗'。我们今天要学习的这篇短文是陶弘景应答谢中书的一封回信。"

小插曲顺利解决,还顺势补充了一些古代诗歌的知识。我正想按原计划继续我的教学,意外又产生了。一位男生在下面说:"陶弘景这个人好奇怪啊,他怎么会给朋友回复一封写景的书信啊?"声音不大,但足以让全班同学听到。喜欢质疑的孩子们顿时炸开了锅:"是啊,我们给朋友回信肯定不会这样写。""谢中书到底给陶弘景写了一封怎样的来信啊?"

喧闹过后,孩子们用目光把疑问传递给我。是啊,谢中书到底给陶弘景写了一封怎样的信呢?为什么陶弘景会写这样的一封回信？我在备课时根本没思考过这个问题，我设计的重点是研读本文写景的角度和方法啊。我只好诚实地对孩子们说："不好意思，同学们，老师在备课时也没有思考过这个问题。我们现在一起上网查一下，看能否找到答案？"

我打开浏览器，百度了这个问题，结果找不到确切的答案，网上能搜到的回答是"已不可考"，或者是"由于谢信已佚，所以这封信的具体背景和所写山水在何地，已然不可确知"。

我无奈地看着孩子们："怎么办呢？这是一千五百多年前的人和事了，现在咱们手上也没有啥资料，无从入手。怎么办？"

孩子们面面相觑。

"我们手头只有这篇短文，看来我们只能走进文本深入文本，看能否解决这个千年疑案？"

我指导孩子们开始了"美文美读"环节，先读准读顺，再结合注释读懂，然后带着想象读，读出美的意境。

"美文美读"环节结束后，我和孩子们商量："现在读懂课文的意思了，我们继续探讨刚才的千古疑案，能否从陶弘景的回信中寻找蛛丝马迹去反推谢中书来信的内容呢？看看谁能成为我们班的福尔摩斯？"

几分钟的沉默后，一位很喜欢思考的男孩举手了："老师，我猜测谢中书的来信是劝陶弘景出山做官的。"我为这个孩子大胆和合理的猜测暗暗喝彩，但还是不动声色地追问："你有证据吗？"男孩条理清楚地说："我的证据有两点，第一点是课下注释①，谢徵曾任中书鸿胪（掌朝廷机密文书），说明他在朝中为官，并且还很受皇帝信任，否则怎能让他掌管朝廷机密文书呢？第二点是课文中的一句话'实是欲界之仙都'，陶弘景告诉谢中书'我住在山里，这里实在是人间的仙境啊'。据此两点可以推测：谢中书很欣赏陶弘景的才华，想邀请他出山到朝中为官和自己干一番事业，但陶弘景立志归隐林泉，又不好意思直接回绝，就很含蓄地写了这篇赞叹山川之美的文章来表明自己的志向，并婉拒了好朋友的好意。"

他的发言赢得了全班热烈的掌声。

班上语文成绩很好的一个女孩继续补充道："我非常赞同这个解读，但我觉得陶弘景回绝得不太委婉，他在文章最后写道'自康乐以来，未复有能与其奇者'，意思是只有他才能和谢灵运比肩共赏这自然山川之美，他好像有点赞美自己贬低谢中书之意。"

"同学们怎么看？"我继续引导孩子们思考。

"我觉得陶弘景确实在文章末尾流露出了得意之情，他觉得他能和谢灵运这样的精神知音共赏自然美景是一件很得意很愉悦的事情，但他只是想把这份喜悦和得意告诉自己的好朋友，与他分享，并且告诉自己的好友隐居山林的生活很好，从而谢绝好朋友的心意，并没有贬低谢中书之意。"另外一名语文课代表站起来发表了自己的意见。

看孩子们理解得差不多了，我把刚才在百度中搜的一些材料投影在了屏幕上：

材料一：陶弘景本来是个不求荣华富贵的人，一直想辞官归隐。他曾经在给亲友的信中说："畴昔之意，不愿处人间，年登四十，志毕山薮。今三十六矣，时不我借……"永明十年（公元492），他果然向皇帝上表请求辞官归隐。

材料二：当时，南朝著名的文学家、史学家，同时也是中国音韵学鼻祖的沈约，正在东阳郡做郡守。由于尊崇陶弘景的志向和节操，沈约多次写信邀请他出来做官，但他始终没有接受。

材料三：梁武帝（一说齐高帝）曾经下诏问陶弘景："山中何所有？"言下之意是说山中什么也没有，还不如出来做官，也就什么都有了。陶弘景写了《诏问山中何所有赋诗以答》："山中有什么呢？山岭上有许多白云。可惜白云只能供我自己赏心悦目，却不好用手捧来寄送给你啊！"巧妙地表示了自己不愿出山做官，不屑与时人为伍的高雅志向。

材料四：另一次梁武帝要他出来做官时，他干脆画了两头牛，一头无拘无束地散漫在水草之间，另一头戴着金笼头，被人用绳子牵着，还用棒子驱赶着。梁武帝看了也笑起来，知道他绝不会出来做官了，也就打消了让他出仕的念头。

"同学们，从这四则材料中你能得出哪些结论？"我再次发问。

"陶弘景真的立志归隐山林啊。"

"有那么多人邀请陶弘景出山做官，还真的被他婉言谢绝了……"

"我们刚才的猜想肯定是对的。"

……

望着沉浸在激动和喜悦中的孩子们，我总结道：网上的这些材料，对同学们的猜想起到了很好的佐证的作用。虽然我们没办法找到确凿的证据证明我们的猜想一定是对的，但老师觉得你们的解读是非常有道理的。我们从文本出发，读出了作者沉醉山水的愉悦之情，和古今山水知音共赏美景的得意之感以及归隐林泉的志趣。我为你们精彩的解读喝彩！

课堂的最后一个环节，当然是和兴趣盎然的学生继续共赏陶弘景笔下的美景了。

这是一堂超出了我的预设的课，但这样的意外却带来了精彩的生成。看着孩子们那么踊跃地投入课堂、投入思考，我感到了自主学习之美和课堂的生命之美。

反思我们曾经的语文课堂教学，老师已经习惯了根据自己的设计思路进行教学，总是千方百计地将学生虽不大规范，但却完全正确甚至是有创造性的见地，按自己的要求格式化，以致漠视了学生生命个体的鲜活与蓬勃，钳制了学生的活力与个性，扼杀了思考、表达、创新的欲望，挫伤了学生探索和创造的信心与热情，学生成了被教师牵着鼻子走的课堂道具。真希望我们的每节语文课，都没有思想的桎梏，没有条条框框的约束，有的是直率、坦诚、碰撞、争论，是自由精神的淋漓尽致的舒展，是课堂生命的自然绽放。

但自由的语文课，自主学习的语文课，又决不能等同于教师让学生自由发挥而放任不管。教师必须成为一位引领者、关键时刻的点拨者以及课堂活动的组织者。教师在备课时务必要思考的问题是：学生的思考点在哪里？我们要从哪里出发？最后我们要去到哪里？

从学生的"起点"出发，寻找合适的教学策略，那么我们的语文教学肯定是有效甚至是高效的，肯定可以收获更多"意外"的精彩！

# 借助教材作佳篇
## ——《写作素材的挖掘与运用》课堂教学实录

### 💬 一. 导入

师：先问同学们一个问题，语文考试最担心哪道题意外失手？

生：作文！

师：为什么？

生：作文分数最高，但怕写离题，拿高分很难。

师：同学们在写作文时，确实会遇到很多问题，比如考场上面对题目无话可说、构思平淡、语言贫乏、素材平凡……因此，常听到有同学感叹"作文难，难于上青天"。问题有很多，今天我们来解决其中至关重要的一个，就是"素材的挖掘、运用（板书）"。

## 二．方法指引

### （一）阅读优秀习作，初步感受课文素材的魅力

师：有人说从小到大写了那么多作文，写到最后都无话可说，无材可用。可是实际情况是怎样的呢？想想看，我们从小学开始，到现在，读了多少书，看了多少影视剧，听过多少故事，有过多少亲身经历，又滋生过多少关于人生的感慨，写作的材料会少吗？我觉得恰恰是太多了，材料太多，看得你眼花缭乱，竟不知如何取舍，如何运用了。

为了证明我并非言过其实，我们先来读一篇同龄人在课堂上用十八分钟写成的文章《三读〈背影〉》。

（生阅读《三读〈背影〉》）

师：这篇文章不见得有多么优秀，但起码是一篇文从字顺、中心明确、情感真挚的作文。看完此文，同学们有什么感受吗？

生：我觉得《三读〈背影〉》这篇作文，构思独特，很善于利用学过的课文，并且将课文素材和自己的生活巧妙结合起来。

师：说得很好。就是这么一则选自课文《背影》的不起眼的材料，也可以成为打造优秀作文的零部件。古人说得好哇，"山不在高，有仙则名，水不在深，有龙则灵"，我们说，"材不在奇，切题为妙，料不在多，精当就好"（此句板书，加深学生印象和理解）。

(二)阅读考场佳作，发现作文素材挖掘技巧

师：我们已感受到熟悉的课文内容竟然可以成为我们写作的素材，那么，在写作文时，应该怎样去挖掘和运用语文课本中的素材呢？下面我们来赏析一些考场佳作，看看能否有一些心得与发现？

（学生阅读老师提供的考场佳作，发现优秀作文素材挖掘技巧）

师：同学们看完这些考场佳作，有没有一些发现？

生：我有三点感受。第一，这些考场作文开篇直接切题；第二，都通过引用古诗词和使用修辞，增添了文采；第三，都联系了语文课本内容，并且是课内课外知识相结合。

师：这位同学谈了三点感受，后两点说得很好。第一点切题，大家看的作文确实很多篇都开篇切题，但老师提供的有些是作文片段，很难看出是否切题。其他同学有没有发现这些作文在素材挖掘方面，是怎样使用语文课本中的材料呢？

生：首先是这些考生对课文非常熟悉，用的时候，不只是用一篇课文的素材，而是将几篇课文的材料综合起来使用。并且用的时候会变通，使材料和作文题十分切合。比如第一则材料中，柳宗元的《小石潭记》、李清照的《武陵春》本来和"创意"没有关系，但该考生稍一变通，就和"创意"这一意旨十分切合。

师：确实如此。我们一起来看，第一则材料是如何使用课本中

的素材的？

生：直接引用课本中的语句。

师：那第二则材料呢？

生：化用。

师：这两则材料能不能告诉我们一个规律性的东西？

生：我们可以引用或化用语文课文中的诗词名句和其他优美的语句。

师：很好。在写作文时我们可以引用、化用课文中优美的语词文句，这样可以使自己的文章文采飞扬。但同学们务必注意，运用课文中优美的语词文句时，不能为了引用而引用，务必根据文章主题的表达或展开思路的需要，进行有效的引用和化用，否则便是无效的表达。

师：《新愚公和智叟的故事》是2000年高考优秀作文，当年的作文题是"答案是丰富多彩的"。这位考生是如何挖掘使用课文《愚公移山》的素材呢？

生：我一开始还在想这是不是一篇优秀作文，听老师您这样说，我就确定这是优秀作文。（听课老师和同学笑）文章对课文素材用得好，好在不是照搬原文，而是紧扣他要论述的观点，做到了材料为文章意旨服务。

师：是的，写作文时我们可以借用课文中的人物、故事情节进行演绎新编，但千万不能照搬原文，而是在吻合原文人物言行、性格及语言风格的基础上，通过想象，或把故事拼接于现实生活，或挪移教材内容重点，或放大与课文密切相关的细节，或合乎事理发展地节外生枝，引入原文没有的人物，或变换叙述角度，编写出新的情节，或者表达出与原文不同的新的旨意等。再往下看，《告别——一种胆魄》这篇中考满分作文又给我们带来怎样的感受和发现呢？我们重点关注文章素材使用的问题。

生：我觉得这篇文章是按照由古到今的顺序来安排材料的。

师：李学思同学注意到了材料顺序的安排。《告别——一种胆魄》一开篇就从自然界的现象引出了一个观点：告别是一种胆魄，作者是怎样证明这个观点的？是空发议论吗？

生：不是，是通过举例子来证明的。

师：首先举了什么例子？

生：诸葛亮告别隆中安逸的生活而投身统一天下这艰苦卓绝的事业中。

师：事例来自哪里？

生：课文《隆中对》。

师：然后又举了什么例子？

生：陶渊明告别权贵，摒弃世俗，投身秀美山水的事例。

师：事例来自哪里？

生：课文《饮酒》诗。

师：还举了谁的例子？来自哪里？

生：鲁迅告别医学，走上了文学这条无止境之路的事例。来自课文《藤野先生》。

师：这篇文章先摆出自然界中的种种告别现象，然后归纳出结论；接着又列举了语文课本中三个有关告别的故事，作者顺水推舟地得出结论：告别是一种胆魄。全文思路清晰，内容充实，论理清楚，修辞恰当，语言有内涵。所以，我们可以引用课文相关的文段和典型事例作为作文的论据，丰富作文的内容，使文章更具有说服力。但要注意引用贴切和恰当，紧扣文章主题并与之相呼应才能为你的作文锦上添花。

师：我们将大家的感受和发现，简单总结一下，我们在使用课文素材的时候，可以化用课文语词文句——文采飞扬；可以借用课文人物情节——演绎新编；还可以举用课文典型事例——充实内容。

（三）深入思考，明确课文素材运用技巧

师：同学们，经过刚才的阅读和思考，我们初步感受到了课文素材的魅力，也总结出了挖掘课文素材的方法。那么写作素材挖掘出来了，但怎样运用才能把课文素材运用得新颖、独特和巧妙呢？

（生讨论思考。）

生：我们在写作文时，思维不要局限于一篇课文，而是要综合使用不同的课文素材。比如课文《音乐巨人贝多芬》《伟大的悲剧》《真正的英雄》《再塑生命》《走一步，再走一步》中的主人公都是敢于战胜挫折的英雄，如果作文话题是"挫折"，我们就可以选择其中2—3则材料来作为论据。

师：说得很好，有理有据。建议同学们梳理教材，建立教材"分类资料库"。考试时，我们首先根据作文题目的中心话题调出"分类资料库"中可以运用的材料；其次，根据自己所选择文体来组合这些材料；再次，还可以根据教材中的资料，引出自己日常生活中所碰到的与之相似的材料，进行适当的加工，运用到作文之中。我们可以把这种技法总结为：分类梳理，一题多材（此句板书）。

生：我们应该做一个写作上的有心人，其实一则材料从不同角度去理解的话，那么这则材料将变为两则、三则、四则，甚至更多。也就是说一个素材，只要深入挖掘，是可以用来论证多个主题的。我们在运用课文素材时要善于依照主题转变方向。

师：的确，如何把有限的材料变为无限的资源，也是一个极具现实意义的论题。我们一定要学会变"一材"为"多材"。比如我们学过《隆中对》后,就可以将这则材料变为三则:从诸葛亮的角度,那就是他具有雄才大略,敢于在危难之中受任,并在以后的日子里帮助刘备成就了大业,可见人才的重要性。这是大家最容易想到的一点。从刘备的角度看,正因为有了他的三顾茅庐,才使他如鱼得水,可见礼贤下士的重要性。从徐庶的角度看,他能相信诸葛亮有管仲、乐毅之才,并将之举荐给刘备,才使诸葛亮得以施展抱负,刘备得以成就霸业,可见慧眼识才,举荐人才的重要性。其实,要做到"一材多用"是有诀窍的:首先,使材料"活"起来,变"一材"为"多材"。这就要求大家面对同一则材料,运用多角度思考的方法,举一反三。其次,使用材料的方法"活"起来,变"一个"立意为"多个"立意。即用发散思维对素材进行不同角度的联想,找到素材与作文题目之间的契合点,向主题拉一拉,靠一靠。注意要拉、靠得自然,不露痕迹。我们可以把这种技法总结为:依理转向,一材多用(此句板书)。

## 💬 三、实际运用

### (一)牛刀小试,初步实践课文素材的挖掘技巧

师:原来我们熟悉的课文还有这么大的作用。我们光说不练可不行,下面我们来初步实践一下。看看哪位同学最聪明,反应最快,能根据老师提供的作文题目,想到我们课本中的素材?老师给的题

目是《守护心灵的空间》。

（生思考。）

生：我首先想到的是陶渊明摒弃功名利禄而甘于隐居的生活，还有《爱莲说》中莲花出淤泥而不染的高洁品性，都可以用来表现这个题目。

师：陶渊明不愿为五斗米折腰乡里小儿，放弃官场生活，归隐田园；莲花不受周围环境影响保持高洁，这都是对自己高洁心灵空间的坚守，很好。

生：我想到的是傅雷写给儿子傅聪的话，拥有一颗赤子之心的人是不会感到孤独的。从中我感悟到我们可以通过阅读名著、欣赏艺术，与天下有志之士同道中人一起分享我们的精神家园。

师：拥有一颗赤子之心，与艺术家、作家、精神领袖交流，不要被世俗的东西所充斥所玷污，这当然是对自己心灵空间的守护。

生：我想到了《〈孟子〉二章》中讲的，我们要能抵制各种物质上的诱惑，坚守自己的本心。

生：我想到《地下森林断想》，地下森林在不见天日的峡谷中坚强地生长，不受周围恶劣环境的影响，这也是坚守自己心灵的空间。

师：同学们说得很好，不受外界的诱惑和影响，就能守护好自己的心灵空间。

### （二）大显身手，进一步实践课文素材的运用技巧

师：看来，同学们对如何挖掘课本中的写作素材已了然于胸了。实践也再次证明我们的课本确实是一座写作素材的宝库。接下来我们进一步来实践课文素材的运用技巧，看看同学们能否依理转向，一材多用。请同学们任选两个话题，运用课文《藤野先生》中"鲁迅弃医从文"的素材，各写一段话。时间为十分钟。

备选话题："这山望着那山高"新解、坚持不等于固守、退与进、转折

（生思考，写作）

学生发言举例：

生1 话题："这山望着那山高"新解

鲁迅先生在年轻的时候，是立志从医的，但后来，他弃医从文了。这正是"这山望着那山高"的具体体现——从医，只能治疗人们生理上的疾病，辛亥革命前夕的中华民族的"精神疾病"，医学就无能为力了。于是，他从文了。这种"望着那山高"，正是一种以民族为己任的伟大抉择。

生2 话题：坚持不等于固守

坚持是必要的，我们要用坚持的信念顽强拼搏。但是，坚持就一定是固守吗？明知道这条路不行，却非要去硬闯，到头

来不是筋疲力尽就是一败涂地。如果鲁迅先生坚持拯救中国而固守医学，那么中国文坛就会失去一位用笔战斗挽救国人灵魂的伟人，而只是增加一位名不见经传的医生。

生3 话题：退与进

我们在实现理想的过程中会遇到困难，这时是继续努力还是放弃，这是一个问题。也许有人认为放弃是懦弱的表现，其实不然。有时我们可以以退为进，就像鲁迅先生当年发现学医无法拯救国人时，果断弃医从文，拿起文学武器与封建思想作斗争，最终成为一代文学大师，为后人所尊崇。所以当我们在实现理想过程中遇到瓶颈时，可以根据实际情况知难而退，选择新的目标，并重新努力，才能开拓出一片新的天地。

生4 话题：转折

转折，并不意味着要放弃信念。

风雨如晦的年代，"信念"两个字激励了多少年轻人的拼搏；"救国"两个字点燃了多少年轻人的人生灯塔。一个少年，沸腾的热血里奔涌着激情，不屈的骨子里支撑着尊严。他从中国只身赴日，只为学医以挽救国人的生命。然而，当他的尊严受辱，他猛然惊醒：一个人可以没有强健的体魄，可以丢掉他宝贵的生命，但是，绝对不可以没有高贵的思想！弃医从文的转折并不代表他放弃了救国的道路，相反，当"鲁迅"的名字响彻中国，那个信念才得以成真，而那曾经年少的男孩，也使自己的人生矗立起了一座丰碑，一个中国近代史上永恒的坐标。

## 四、课堂总结

师：同学们的发言都很精彩，由此看来，我们的课本，确实是一座写作素材的宝库，拥有它，我们可以冲开考场作文的团团迷雾、种种束缚而游刃有余。我希望大家都能成为一个写作高手。最后还要给大家一些温馨提示：课本不是写作素材的唯一来源，我们还要从以下几个方面积累素材：从"自我生活经历"中积累独特的素材；从"课外阅读"中积累独特的素材；从"社会生活"中积累独特的素材。

课后，请根据今天上课学到的方法，运用课本中的素材或课外阅读中积累的素材写一篇文章，题目自拟。下课。

# 起承转合写故事

## |教学背景|

  这是一堂七年级上学期的写作指导课，教学内容是借鉴古诗创作的传统经验——起承转合，来引领学生进行记叙文写作的学习。刚踏入中学的初一学生，如何完成对写作的整体、基本认识，知晓写作的基本结构和章法，是逐步掌握基本写作规律的前提和关键。本节课选择"起承转合"作为教学内容，采用共生写作的教学方法，尝试引领学生从写作的章法要义上探寻写作的本质规律。

## 一、导入

师：这个学期，关于写作，我和大家反复强调了两句话，还记得是哪两句吗？

生（异口同声）：写作是一种表现而非告知；文章章法"起承转合"。

（师板书：起承转合）

## 二、探讨文章的"起承转合"

师：我们今天继续来探讨文章的"起承转合"。我们读过的很多古典诗歌在章法上都是"起承转合"的，谁能举个例子？

生：我们刚学过的《次北固山下》，"客路青山外，行舟绿水前"是"起"，诗人站在船头目视前方；"潮平两岸阔，风正一帆悬"是诗人所望之景，所以是"承"；"海日生残夜，江春入旧年"由眼前之景转入想象之景，所以是"转"；最后用"乡书何处达，归雁洛阳边"的"合"句抒情，点明主旨。

师：这位同学不仅举了一个很典型的例子，而且分析得也很到位。"起承转合"是历代诗文作者在创作时总结出来的诗文结构方式，元代的杨载在《诗法家数》中说："律诗要法，曰起承转合。"其实不仅作诗如此，说话同样也需要"起承转合"。

**屏显**

说话中的起承转合——

三岁小孩：姥姥好，姥姥喜欢我，姥姥给我买糖吃。我爱姥姥。

师：看来，不管是作诗还是说话，如果做到了"起承转合"，就是简单的几句话也别有意趣。如果我们说话、写文章不符合"起承转合"会怎样呢？

**屏显**

如果有个同学对你说，他妈妈怎样喜欢他，他阿姨怎样喜欢他，他邻居怎样喜欢他，从幼儿园一直到初一每一个老师都怎样怎样喜欢他……

师：如果有同学这样和你聊天，你的感觉如何？

生：我会觉得很烦，因为我觉得他太无聊了，并且很啰唆。

师：所以，大家说话时最好也能做到"起承转合"。写文章更要如此，比如以《我的家》为题写篇作文，有位同学列的写作提纲是这样的：第一段：写"我"爸爸怎么样；第二段：写"我"妈妈怎么样；第三段：写"我"爷爷怎么样；第四段：写"我"奶奶怎么样。你觉得这样的构思好吗？

生：不好。

师：为什么不好？

生：他没有"起承转合"。

师：为什么没有"起承转合"就不好呢?

生：因为这样写没有变化,很单调很无聊。

师：确实,文似看山不喜平,文章最好还是有变化为好。那是不是说,所有的文章都必须"起承转合"呢?

生：不一定,但我感觉大多数文章都是符合"起承转合"的。

师：请大家思考一下,为什么大部分文章的结构都是符合"起承转合"的呢?

生："起承转合"可以造成文势的起伏变化,避免平庸刻板。

生：我觉得"起承转合"符合人们思维和表达的习惯。

（全班鼓掌）

师：你们太了不起了,一下就看到了问题的本质。这是从文章本身和写作者的角度而言的,那对读者而言呢?

生："起承转合"也是读者的要求,这样的文章才好看。

## 三、根据"起承转合"的序列,共同完成一个故事。

（一）故事的"起"

师：大家归纳得很好,明白了什么是"起承转合"以及"为什么要起承转合",接下来的主要任务是：根据"起承转合"的序列,共同完成一个故事。先请大家来看一位作家写的一篇文章的开头。
**屏显**

　　天快黑的时候,一个男人来到了教室门口。男人头发蓬乱,双眼通红,密密匝匝的胡须似乎很久没剃过。他的出现立刻引起了我的警觉。

　　我拦住他问:"你找谁?"

　　男人有些不好意思地说:"我是胡小花的爸爸,我来接她回家。"

　　我把胡小花叫了出来。此前,胡小花都是由她的奶奶来接的。她爸爸,我还是第一次看到。"小花,你爸爸来接你了。"

　　胡小花听到后飞快跑出来,但看到男人后却立刻站住了脚,睁着双眼打量着男人。

　　"小花,过来,爸爸抱抱。"男人微笑着,看得出是那种带着讨好的微笑。但胡小花退后了一步,拉住了我的衣袖:"老师,他不是我爸爸。"

师:大家觉得这篇文章的开头"起"得好吗?

生:我觉得不错,没有什么废话,不像我们写作文,开头总喜欢写一组排比句。(全班笑)更主要的是设置了一个悬念:这个男人到底是不是胡小花的爸爸呢?我很想知道。

师：这位同学的感觉很敏锐，好的文章开头确实要追求"平直"，不要乱兜圈子，同时要有吸引力，吸引读者读下去，增强文章开头吸引力最常用的办法是设置悬念。

（二）故事的"承"

师：这个故事的"起"有了，应该怎么"承"呢？按照生活的常理，接着会发生什么呢？故事中的老师会不会把胡小花交给那个男人呢？

生：肯定不会。

师：老师不让那个男人带走胡小花，那个男人会怎样呢？

生：会很着急。

师：除了着急呢？

生：他会想方设法证明他是胡小花的爸爸。

师：故事中的老师会提出什么要求，来鉴别眼前这个男人是不是胡小花的爸爸呢？

生：老师会让他拿出身份证来核实他的身份。

师：对，这是最直接也是生活中最常用的办法。但是，这个时候能不能让这个男人拿出身份证呢？

生：不能，他应该没带在身上。

师：为什么不能让他拿出身份证呢？

生：如果这样"承"的话，这个故事就该结束了。

（学生笑）

师：那他还会用什么办法来证明自己是胡小花的爸爸呢？

生：验DNA，拿出亲子鉴定……

师：会有人没事上街随身带着亲子鉴定的吗？（全班大笑）这种"承"显然是不符合生活常理的，我们想的办法必须是符合常理的，自然真实的。

生：让胡小花奶奶来。

师：如果胡小花奶奶能来，就不会让她爸爸来接她了。况且，如果真让她奶奶来了，这个故事——

生（异口同声）：又结束了。

师：那还有什么可行的办法？

生（七嘴八舌）：说出胡小花的生日，说一些胡小花小时候的事情，说出胡小花的个人信息……

师：说出胡小花的哪些个人信息或特征，能证明这个男人是她爸爸？

生（七嘴八舌）：生日、住址、身高、体重、穿多大的鞋、胎记……

师：不错，能说出一个人的这些信息，尤其是胎记，确实能证明他们之间起码有着很亲近的关系。我们来看看作者写的内容，看是不是这样"承"的。

**屏显**

　　我让男人拿出身份证来看看。男人立刻在自己身上摸索，片刻后摊手说，他来得匆忙，没带在身上。我拉着小花，打算回教室。

　　男人在背后喊："老师，等等。"我转身，发现男人一脸痛苦，蹲在地上。他抬起头对我说："我真的是胡小花的爸爸，我今天刚回来，她奶奶生病了，就让我来接她。你们怎么就不相信我呢？"

　　我摇摇头，说："不是我不相信你，连孩子都不认识你，我怎么可能把孩子交给你？"

　　男人急了，他说胡小花是2007年7月出生的，她今年身高1.2米，重51斤，穿30码的鞋。她的耳后还有一块胎记……

师：看来同学们设计的内容与原作还是十分接近的。我们思考一下，在故事"承接"部分的写作中，应该注意什么呢？

生：一是不要与上文脱节，二是要合情合理，真实自然。

师：这位同学总结得很全面，故事的"承"确实要做到紧密和合理，不紧承，文章就显散乱了，不合理，文章就不自然了。下面的故事又该如何发展呢？文中的"那个男人"说出了胡小花的很多个人信息和特征,老师能让他带走小花吗?

生:老师不会让他把小花带走的,万一他不是呢,毕竟胡小花说他不是自己的爸爸。

师:老师肩负着学生在校期间的监护责任,确实不会让学生跟一个陌生人走的。原文的故事情节也是这样发展的:

**屏显**

> 我还是摇头,男人说的这些信息我都知道,知道这些,并不代表就是孩子的爸爸。
>
> "你要我怎么办才肯把孩子交给我?"男人几乎是吼了起来。
>
> 我说:"不是我要你怎么样,是你必须证明你是她的爸爸。我们也是为了孩子的安全着想。"
>
> 男人平静下来,勉强笑笑,说:"对不起,老师,我刚才情绪不好。我真的是她爸爸。小花两岁时,我和她妈妈就出去打工了,我已经快五年没见过孩子了。如果不是我手里有她的照片,我也不认识她。"

(三)故事的"转"

师:故事不能再这样无休止地写下去了,情节应该要逆转了。故事的"转"是不是一定要转向相反的方向呢?转的方式有哪些?

生：不一定要转向相反的方向，可以是另一个角度，也可以是更深一层。

师：不错，记叙文中的"转"多半是写出事情的变化。情节的变化要想让读者信服赞叹，必须做到"合情、合理、合旨"，也就是说除了要符合上文情节发展的规律、合乎生活常理外，还要考虑文章要表达一个怎样的主旨。这是叙事类作品写作中最难的一个环节，也是匠心独运的地方。下面请前后四位同学为一组，按照"合情、合理、合旨"的原则来设计一下故事的"转"。

（学生小组讨论）

生：我们小组讨论的情节发展是：这个时候奶奶打电话给老师了，说自己生病了让小花的爸爸来接她放学。

师：这样"转"可以吗？

生：这样"转"很无聊啊，没有意思，写这个故事为什么啊？

师：对呀，情节的"转"一定要考虑文章的立意问题。

生：我们小组是这样设计"转"的，老师直接跟着他们回家，把小花送回家，这样就可以知道真相了，并且可以表现老师敬业爱生这一主旨。

师：大家觉得怎么样？

生：不好，也许教室里还有其他学生呢，老师不能擅离职守，更主要的是这样写很平庸，落入俗套。

师：还有没有更好的设计？既在意料之外又在情理之中。

（全班陷入沉默）

师：看来，一个巧妙的情节突转的设计确实有难度。老师提醒大家，情节的变化必须合情合理，合乎上文的发展脉络。如果故事中的"那个男人"的确是胡小花的爸爸，那么根据前文，我们可以知道他的身份是——

生（异口同声）：在外地打工谋生的。

师：那就是说他常年不和胡小花生活在一起，所以胡小花不认识他。根据上文，他爱不爱自己的女儿呢？

生（异口同声）：当然爱。

师：他爱女儿，那他平时是怎样表达对女儿的爱呢？

生：努力打拼，给女儿寄钱。

师：除了努力打拼，给女儿寄钱，他怎样和女儿联络感情呢？

生：打电话。

师：对，打电话，并且打电话的频率怎样？

生：频率很高，可能会天天打。

师：那就意味着女儿对爸爸的外貌很陌生，但对电话中爸爸的声音很熟悉。

生（激动起来，七嘴八舌）：打电话，让他打电话给小花听……

师：我们请一位同学来讲，好吗？

生：我知道怎么"转"了，让故事中的"那个男人"打电话给老师，老师把电话给小花，看小花能否听出是爸爸的声音。

师：这个办法似乎可以解决问题了，可这样写有意思吗？能表现什么主题？

生：这样的构思既在意料之外又在情理之中，很巧妙很新颖，并且表达的内容很丰富。

师：比如说呢？

生：比如可以表达亲情，表现了父爱。

师：还有吗？

生：我觉得这样写让人读了觉得很心酸，外来务工者和留守儿童太不容易了，我们应该关爱他们。

师：哦，原来这样构思，不仅表现了父女情深，还暗含着关爱外来务工者以及留守儿童的主题，丰富了作品的内涵。那我们看原作是怎样"转"的。

**屏显**

  胡小花突然大声说："你不是我爸爸，我爸爸没说要回来。前天他还和我通过电话。"

男人再次蹲下身子,他把双手伸进头发里,努力地抓了一把自己的头发。然后他站了起来,我看到他双眼有了泪水。男人说:"老师,你有电话吗?你说个号码,我给你打过来。"他用恳求的目光看着我。我犹豫片刻,还是将号码告诉了他。接着,男人拨通了我的电话。男人说:"把电话给小花好吗?"

我虽然不解,还是将电话给了胡小花。胡小花接过电话,我看到男人脸上立刻扬起了笑容,他用温和的声音轻轻地说:"喂,小花,乖伢子,我是爸爸呀!""爸爸!"几乎是在一瞬间,胡小花飞跑过去,一把抱住男人,一边还回过头,对我说:"老师,他是爸爸,爸爸每次都是这样叫我的!"

(学生们兴奋地鼓掌)

师:按照"合情、合理、合旨"的原则进行构思,我们的设想和作家的构思很接近啊。同学们务必记住,在叙事的过程中一定要有变化,并且在"转"中要走向高潮,写出深意。这就是"转"的要诀。

(四)故事的"合"

师:最后,我们还要给这个故事来个结尾。常见的文章"合"的方式有哪些?

生:总结,通过抒情议论升华主旨。

师：还有吗？

生：也可以含蓄结尾，通过留白给读者留下回味的空间。

师：那这个故事该如何结尾呢？哪种方式更适合呢？下面请同学们给故事写一个结尾。

（学生写作）

生："胡小花与爸爸紧紧抱在一起，望着泪流满面的父女俩，我既难过又高兴。纵使亲人在眼前，却相逢不相识，这何其令人心酸。但经过波折之后的泪又何尝不是幸福的泪呢？愿小花和父母今后不再分离，愿天下儿女都能承欢于父母膝前！"

师：这位同学写得好不好？

生：她写得很有感情，运用抒情句升华了主旨，发出了祝愿。

师：描写了故事中"老师"的心理感受，与前文承接得很紧，并且进行了总结提升。还有没有同学愿意分享的？

生："小花扑到爸爸怀里啜泣着，男人把小花紧紧搂在怀里，泪流满面。良久，男人抬起头，微笑着对我说了声谢谢，然后牵着小花的手向校门口走去。此时，我才发觉天色已经完全黑了，彼此依偎着的身影渐渐消失在夜色中……起风的夜有些凉意了，我的心里却满是温暖。"

（热烈的掌声响起）

师：同学们的掌声是对这位同学精彩结尾的肯定，没有抒情也没有议论，但在人物描写和环境描写中却蕴涵着浓浓的深情，一切尽在不言中啊，文章的意趣也就这样产生了。我们来看看作者的结尾。

**屏显**

男人紧紧地抱住小花，把头深深埋进小花的肩膀，小花也在他的肩膀啜泣着。半响之后，男人抬起头，努力微笑着对我说："这些年，我天天给她打电话，她更熟悉的，是我电话里的声音。"

那一刻，男人泪流满面。

师：作者的结尾怎样？

生：我觉得这样结尾平淡了些，我还是喜欢第二位同学的结尾，很美，很有味道。

师：如果让我评判，我只能说各有千秋。原作的结尾简单自然，既是对上文老师疑惑的回应，又巧妙点题，在高潮处戛然而止，令人回味。文章结尾的方法或彰显或留白，但目的都为出意境。故事我们就写到这里了，大家看看这篇文章还缺什么呢？

生：题目。

师：我们为它拟一个。

生：父亲的电话。

生：电话里的声音。

生：电话里的父亲。

师：前两个题目太普通了，并且不能涵盖文章的全部内容。

**屏显原文题目**

父亲的证明。

师："电话里的父亲"和"父亲的证明"哪个更好？

生：电话里的父亲。

师：我个人也觉得"电话里的父亲"这个题目好，很新颖很别致，有点小悬念，还暗示了故事的主题。这节课，我们按照"起承转合"的序列共同完成了一个故事，我们来总结一下"起承转合"环节的要点。

师（边板书边总结）：

起要平直且留疑，无好起，则无引力；

承须紧密且合理，不紧承，则显散乱；

转要变化有高潮，不转折，则显平淡；

合须提升或留白，无整合，则无意境。

## 💬 四、布置作业

师：请同学们课后按照"起承转合"的序列写一篇叙事类的作文，作文题目是《我回家最晚的一天》。下课！

# 对一颗伟大灵魂的庄严纪念
——《纪念白求恩》课堂实录

## 教学背景

2017年11月17日,广东实验中学未来教室,"语用学视角下初中语文阅读教学策略研究"课题组课例研究活动。初一(13)班学生,借班教学。

## 一、品析"纪念",激趣导入

师:同学们好,今天我们来学习一篇在中国产生过极大影响的文章。(板书:纪念白求恩)在二十世纪六七十年代,全中国几乎人人都能背诵这篇文章。我们一起来读一下课文的题目。

生齐读：纪念白求恩。

师：老师想把题目中的"纪念"换成"怀念"，你们觉得行不行？（有生在座位上答不可以）为什么不行？理由是什么？

（生沉默）

师：纪念跟怀念有什么不同？你来。（手邀请一学生）

生：我觉得，怀念的话就是和某个事物、某个人不能见面了，还一直想着他，比如有人去世了，亲人朋友一直想着他，想起来的时候就是对他的怀念。

师：那么，纪念呢？

生：纪念的话可能就是一些重大的事情，比如纪念某一重大历史事件，我觉得这里用"纪念"的话会更好，因为感情可能会更深切一些。

师：感情更深切一些，有没有道理呢？我们试着用绞丝旁的这个"纪"组一下词，可以组什么词？

生：纪律。

师：纪律，可以。还可以组什么词？

生：本纪。

师：对，《史记》里的本纪，还有吗？

生：纪元。

师：对，纪元，还有纪年。所以跟"纪"有关的词语，感觉比较正式，比较庄重。而怀念主要是指我们主观上的一种内心活动，比如说我现在坐在这个教室里就可以去怀念一些事，一些人，一些物，但如果说我坐在教室里边在纪念什么，好像不行。怎样才能叫纪念？或者说我们可以通过什么方式来纪念？

（有生说演讲）

师：对，开个大会，通过演讲去纪念一个人、一件事。还可以通过什么方式来表达纪念？

生：写文章。

师：对，写文章。写一篇文章去纪念。还有其他方式吗？

生：纪念碑。

师：对，建个纪念碑来纪念。所以我们可以感觉到纪念会给人一种什么感？

生：庄重感、仪式感。

师：很好，庄重感、仪式感就出来了。所以课文的题目《纪念白求恩》带着一份庄重感。文章纪念的人叫什么名字啊？

生：白求恩。

师：白求恩是谁？

生：加拿大共产党员。

师：在哪里可以看到？

生：课下注释。

师：注释有介绍，那我们一起来读一下，了解一下白求恩。

生读课下注释：白求恩（1890—1939），国际主义战士、加拿大共产党员、著名的医生。他率领加拿大美国医疗队，于1938年初来中国，支援中国的抗日战争。3月底到延安，不久赴晋察冀边区，在那里工作了一年多。在一次为伤员施行急救手术时被细菌感染，1939年11月12日在河北唐县逝世。

师：了解了白求恩的生平，那这篇文章的作者毛泽东大家了解吗？

生：了解，人民领袖。

师：他当时已是中国共产党的最高领导人，我们的领袖，为什么会如此庄重地去纪念一位外国医生呢？答案要在文章里边寻了。

## 二、默读课文，学习夹叙夹议

（一）猜读

师：《纪念白求恩》一文以说理为主，兼叙述和抒情，被誉为"纪念性文章的典范"，在正式进入文本之前，我们先猜想一下，纪念人物的文章通常需要写哪些内容？

生：人物的生平事迹。

师：对，介绍一下人物的事迹。（板书：介绍人物事迹）除了介绍事迹之外，还可能写什么？

生：给人们带来的影响。

师：可能会给人们带来哪些方面的影响？

生：比如说精神方面的。

师：精神。也就是说作者可能会评价一下他的精神品格。（板书：评价精神品格）除了介绍事迹，评价精神品格，还可能写什么？

生：把人物的精神品格发扬出去，相当于说向大家倡导一下。

师：倡导一下，也就是说号召大家来——（生齐答学习）。很好，号召人们学习（板书：发出学习号召）。纪念一个人，一定饱含情感的，所以除了评价他的精神品格，号召人们学习，文章一定会抒发情感的。（板书：抒发作者情感）

（二）默读

师：请大家默读课文，按照要求进行圈点勾画，看我们刚才猜读的对不对？

**PPT 显示默读要求**

　　边默读课文边用横线画出文中记叙白求恩其人其事的句子，用波浪线画出作者直接赞美白求恩精神的句子。

（师巡视全班，指导学生）

师：好多同学都圈画好了，请读出第一段记叙白求恩其人其事的句子，开始。

生（齐读）：白求恩同志是加拿大共产党员，五十多岁了，为了帮助中国的抗日战争，受加拿大共产党和美国共产党的派遣，不远万里，来到中国。去年春上到延安，后来到五台山工作，不幸以身殉职。

师：这个的确是记叙白求恩其人其事的句子，这样的句子从表达方式上叫什么句？

生：记叙句。

师：只有八十三个字，但信息量非常大。这个句子都告诉了我们哪些信息？

生1：白求恩的国籍。

生2：年龄。

师：年龄之前呢？

生3：身份。

师：还有吗？

生七嘴八舌：来中国的原因、来华之后的经历、他的死亡。

师：八十三个字介绍了这么多信息，所以这段记叙的语言怎么样?

生:特别简洁。

师:以说理为主的文章不需要把人物的事迹写得太详尽,议论性文章里面的记叙要求概括性强,要简洁。我们接下来读这段里面直接赞美白求恩精神的句子,开始读。

生齐读:一个外国人,毫无利己的动机,把中国人民的解放事业当作他自己的事业,这是什么精神?这是国际主义的精神,这是共产主义的精神,每一个中国共产党党员都要学习这种精神。

师:这句话在赞扬白求恩的什么精神?

生:国际主义精神和共产主义精神。

师:(板书:赞扬其国际主义、共产主义精神)这样的句子,我们从表达方式来讲,叫什么表达方式?

生1:抒情。

生2:议论。

师:都有道理。抒情和议论其实是两种表达方式,但今天我们先不去区分这句话到底是抒情还是议论,因为抒情和议论经常是融为一体的。人们在发表观点看法的时候往往会有感情的流露,在抒情的时候也经常伴有自己的看法,所以我们就暂且先把这句记为议论抒情,既抒发了对白求恩的赞扬之情,又是对白求恩精神的高度评价。我们接着往下，第二段里边，你们画出的记叙句是哪些？大家读一下，开始读。

（生犹豫，不确定读哪个句子）

师：遇到困难了，是不是？那这段中有没有记叙白求恩其人其事的句子呢？

（生七嘴八舌地小声读）

师：来，你来读一下，看大家同不同意你的判断？

生读：从前线回来的人说到白求恩，没有一个不佩服，没有一个不为他的精神所感动。晋察冀边区的军民，凡亲身受过白求恩医生的治疗和亲眼看过白求恩医生的工作的，无不为之感动。

师：这是不是记叙白求恩其人其事的句子？

生：是。

师：但它是通过他人的角度来侧面告诉我们白求恩的事迹，所以大家有点犹豫了。好，我们继续读这一段中直接赞美白求恩精神的句子。

生齐读：白求恩同志毫不利己专门利人的精神，表现在他对工作的极端的负责任，对同志对人民的极端的热忱。

师：这句话赞扬了白求恩的什么精神？

生：毫不利己专门利人。

师：（板书：赞扬其毫不利己专门利人精神）第三段里面有没有画出记叙其人其事的句子？一起读。

生读：白求恩同志是个医生，他以医疗为职业，对技术精益求精；在整个八路军医务系统中，他的医术是很高明的。

师：这句话向我们介绍了白求恩的医术是很高明的，他对技术的要求是很高的。从这个句子里，我们有没有感受到作者在赞美白求恩的什么精神？

生：他对技术的精益求精。

师：（板书：赞美其对技术的精益求精的精神）我们来看最后一段，记叙句在这段的什么部分？

生：开头。

师：我们来读一下最后一段的记叙句，开始读。

生齐读：我和白求恩同志只见过一面。后来他给我来过许多信。可是因为忙，仅回过他一封信，还不知他收到没有。对于他的死，我是很悲痛的。

师：作者回忆了和白求恩的交往情况，最后一句，表达了作者的情感，很悲痛。我们再来读读这一段中直接赞扬白求恩的句子，开始。

生：我们大家要学习他毫无自私自利之心的精神。从这点出发，就可以变为大有利于人民的人。一个人能力有大小，但只要有这点精神，就是一个高尚的人，一个纯粹的人，一个有道德的人，一个脱离了低级趣味的人，一个有益于人民的人。

师：这个句子仅仅只是在赞扬白求恩吗？

生：还有号召，号召大家学习他。

师：对了，号召大家都要学习他的毫无自私自利之心的精神。（板书：号召人们学习他毫无自私自利之心的精神）

师：我们通过画句子的方式，一方面感知了每段的内容，另一个方面发现了每一段在表达方式上的特点，既有记叙，又有议论抒情。这种写法叫什么？

生：夹叙夹议。

师：是的，夹叙夹议。（板书：夹叙夹议）尤其是一、三、四段，都是先叙后议。记叙是议论的基础，简明、概括；议论是记叙的目的，用来表现作者的情感和观点，精辟恰当。大家可记一下笔记。

## 💬 三、品读语言，入情明理

师：作者写这篇文章，除了赞扬白求恩的精神，还有一个写作目的——教育全党要向白求恩学习。我们接下来重点品读一下文章的第二、三段，看看作者是如何教育全党向白求恩学习的？我们先有感情地朗读第二段作者赞扬白求恩的话。

生读：白求恩同志毫不利己专门利人的精神，表现在他对工作的极端的负责任，对同志对人民的极端的热忱。每个共产党员都要学习他。

师：你觉得在读这句话的时候，哪个词是要重读的？

生：极端。

师：好，我们再来读一下，注意重读。来，开始。

生：白求恩同志毫不利己专门利人的精神，表现在他对工作的极端（生重读该词）的负责任，对同志对人民的极端（生重读该词）的热忱。每个共产党员都要学习他。

师：想一想，在这句话里面，为什么要在负责任和热忱的前面加个极端？

生：突出强调。

师：突出强调什么？

生：强调他负责任的程度，他对人们热忱的程度。

师：的确如此，并且在一个句子里还出现了两次，这样，突出强调的意味更浓。老师给大家补充一点材料，看看白求恩同志对工作、对人民的态度到底是怎么样的。

**PPT 展示材料，老师读**

　　1938年6月，白求恩刚刚到达晋察冀敌后抗日根据地，就要求聂荣臻司令为他安排工作，同志们劝他休息一会，他说："我是来工作的，不是来休息的。你们要把我当成一挺机关枪使用！"第二天，他就奔赴60多里外的五台县松岩口村后方医院，并立即投入工作。在晋察冀抗日根据地工作一年多时间里，他直接参加了11次战役战斗的救治工作，亲自为1290余名伤员施行手术，接受过他诊治的军民数以万计。其中，一次连续69小时为115名伤员进行外科手术。所以我们的战士冲锋勇往直前，高喊一个口号："冲啊，受了伤不用怕，我们有——白求恩！"

　　（师生一起说最后三个字）

　　所以说毛泽东主席写这个极端的负责任、极端的热忱的时候，他是不是夸张的？

　　生：不是。

　　师：对！事实就是这样子的，白求恩同志对工作，对人民的态度就是这样，那反过来毛泽东同志说我们党内有一些人对同志对人民是怎样的呢？

　　生：对同志对人民不是满腔热忱，而是冷冷清清，漠不关心，麻木不仁。

师：你看，漠不关心，麻木不仁，这些词语从感情色彩上来说，都属于什么词？

生：贬义词。

师：贬义词，与白求恩同志这样的精神对照一下，这些人跟他的差距是不是太大了？正是因为这样，所以我们才需要——

生：向他学习。

师：在这里，作者用了一种什么方法来教育我们全党要向白求恩学习？

生：对比。

师：这是这篇文章另外一个非常重要的写作方法，就是对比说理。（板书：对比说理）正是因为有了对比，白求恩的精神才会显得那样高尚，那么值得我们学习。白求恩的精神仅仅感动了毛泽东一个人吗？

生：不是，感动了很多人。

师：确实感动了很多人，我们读一下第二段中感动了很多人的句子，来，读一下。

生齐读：从前线回来的人说到白求恩，没有一个不佩服，没有一个不为他的精神所感动。晋察冀边区的军民，凡亲身受过白求恩医生的治疗和亲眼看过白求恩医生的工作的，无不为之感动。

师：我把这个句子这样改，行不行？

**PPT 投影改动的句子**

从前线回来的人说到白求恩，每个人都佩服，每个人都为他的精神所感动。晋察冀边区的军民，凡亲身受过白求恩医生的治疗和亲眼看过白求恩医生的工作的，都为之感动。

生：不行。

师：为什么不行？

生七嘴八舌：双重否定。

生：双重否定"没有一个不佩服的"，会更加突出佩服之情和感动之情。

师："没有一个不佩服"的意思就是什么？

生：所有人。

师：所有人！有没有例外？

生：没有。

师：没有一个不，没有一个不，无不，三个双重否定，极其有力地强调了没有例外！所有人都是这样的，是无可置疑的。你看，白求恩的精神，真的是感天动地的一种精神！我们通过这个句子感受到了白求恩对工作，对人民的态度和情感。那么我们再来看看白求恩对工作的要求，文章第三段讲了，他对工作要求是怎么样的？

生齐：精益求精。

师：我们通过补充材料进一步体会一下他对工作的精益求精。

**PPT 展示材料**

白求恩积极探索，进行医疗技术和战救模式的创新。一方面，他紧贴我军抗日游击战的实践，撰写了《消毒十三步法》《战地外科组织治疗方法草案》等教材，还因地制宜，发明了20多种医疗器械。白求恩在冀中时，从老百姓粪驮子得到启发，巧妙设计出一个打开可以当手术台、收起骡马可背即走的新"药驮子"，里面抽屉方格里可携带简易手术室和药房的全部必需品。

同志们称赞说："我们真变成马背上的医院了！"

所以你看，白求恩同志，他是集中自己的所有心思在思考怎么因地制宜去改善医疗条件，为救治战场上的伤员努力。而我们党内有些人是怎么做的？来，开始读一下，一起来读第三段，这对于——

生齐读：这对于一班见异思迁的人，对于一班鄙薄技术工作以为不足道、以为无出路的人，也是一个极好的教训。

师：毛泽东同志说，对于我们党内有一些人，他用了"一班"（慢读），"一班"这个词已经含有什么意思了？从感情色彩的角度看。

生：贬义。

师：有贬义了。作者还用了哪些含贬义的词语？

生：见异思迁、鄙薄技术、以为不足道。

师：以为不足道的意思是什么呀？

生：不值得一提。

师：不值得一提，是不是？以为无出路，有些人认为你干这种技术工作的，就不如去干吗？

生：去打仗、当领导。

师：争着去当领导，去搞行政工作，觉得技术工作太默默无闻了、太普通了，是不是？但是白求恩同志不是这样子的，他天天想的是如何改善医疗条件，在这个岗位上他做出了非常大的贡献。所以毛泽东同志在教导我们，所有同志要怎么样？

生：学习白求恩爱岗敬业的精神。

师：对，学习他的这种精神，就是不管在多么平凡的工作岗位上，只要立足岗位，对工作精益求精，就能做出很大的贡献。文章再次通过对比，突出了白求恩的高尚，精神的可贵。并且通过对比，我们党内的一些同志跟他的差距更加明显了，也更有力地证明了学习白求恩的重要性和必要性。

白求恩的确是值得我们学习的。白求恩在中国只工作了一年半的时间，但他用一年半的时间干了那么多有意义的事情。在牺牲前的那天下午，他给聂荣臻司令写了一封遗书，聂元帅看到这封信，当时就泪如雨下,我们来看一下白求恩的遗书。

(师有感情地读)

**PPT 展示**

  亲爱的聂司令员:

  今天我感觉身体非常不好,也许我要和你们永别了!请你给加拿大共产党总书记蒂姆·布克写一封信,同时,抄送国际援华委员会和加拿大民主联盟会。告诉他们,我在这里十分快乐,我唯一的希望就是能够多做贡献。

  两张行军床、两双英国皮鞋,你和聂夫人留用吧。

  马靴、马裤,请转交吕司令。

  贺将军,也要给他一些纪念品。

  两个箱子,给叶部长;18种器械,给游副部长;15种器械,给杜医生;卫生学校的江校长,让他任意挑选两种物品作纪念。

  打字机和绷带给郎同志。

  手表和蚊帐给潘同志。

  一箱子食品和文学书籍送给董同志,算我对他和他的夫人、孩子们的新年礼物。

  给我的小鬼和马夫每人一床毯子,另送小鬼一双日本皮鞋。

  医学书籍和小闹钟给卫生学校。

最近两年,是我平生最愉快、最有意义的日子。在这里,我还有很多话要对同志们说,可我不能再写下去了。让我把千百倍的谢忱送给你和千百万亲爱的同志们。

诺尔曼·白求恩

师:孩子们,通过白求恩的这封遗书,你读出了白求恩是一个怎样的人?

生:为别人着想,无私。

生:毫无自私自利之心。

师:他是一个毫无自私自利之心的人。中国共产党的领袖毛泽东对白求恩的品格是极为钦佩的,同时他也感觉到我们党内有些同志的表现离白求恩的距离是非常遥远的。我想这也许就是毛泽东同志要用如此高规格的方式来纪念一个外国医生的原因吧,因为他身上的这种精神实在是太伟大了。我们特别需要向白求恩学习。所以在文章的最后,毛主席号召大家向他学习,我们来一起读一下。

生齐读:我们大家要学习他毫无自私自利之心的精神。从这点出发,就可以变为大有利于人民的人。一个人能力有大小,但只要有这点精神,就是一个高尚的人,一个纯粹的人,一个有道德的人,一个脱离了低级趣味的人,一个有益于人民的人。

师：不管你在什么岗位上，有了这个精神，就是一个怎样的人？

生齐答：一个高尚的人，一个纯粹的人，一个有道德的人，一个脱离了低级趣味的人，一个有益于人民的人。

师：好，我们再来读一下，我们边读边体会这个句子的特点。一个人能力有大小——开始读。

生：一个人能力有大小，但只要有这点精神，就是一个高尚的人，一个纯粹的人，一个有道德的人，一个脱离了低级趣味的人，一个有益于人民的人。

师：你们有没有发现这个句子的特点？

生：都是一个一个什么人。

师：从句子的长度来讲，是短句还是长句？

生：短句。

师：是短句。几个短句？

生：五个。

师：五个短句。这五个短句的句式怎么样？

生：一样。

师：一样，非常的相似，是不是？我们用五个短句，又用一个反复的句式，那这样读起来，感觉会怎么样？

生：短促有力。

师：短促有力的句子特别适合干吗？

生：号召。

师：是的，发出号召。其实毛泽东主席用这五个"一个"给每个共产党员树立了标杆，这就是共产党人应该有的标杆。孩子们，我们通过这篇文章的学习，切实感受到了白求恩同志身上的那种精神的伟大。下课的铃声已经响了，我提议全体同学起立，（生全起立）让我们用最庄严的声音来读出毛泽东同志的这个号召，以此来向白求恩同志致敬。我们大家要学习他，预备，开始。

生庄严齐读：我们大家要学习他毫无自私自利之心的精神。从这点出发，就可以变为大有利于人民的人。一个人能力有大小，但只要有这点精神，就是一个高尚的人，一个纯粹的人，一个有道德的人，一个脱离了低级趣味的人，一个有益于人民的人。

师：希望我们都能成为这样的人！好，下课。

生：谢谢老师！老师再见！

# 人类共同生命体验的诗意化表达
## ——我读、我教苏轼的《水调歌头·明月几时有》

## 【我读】

读中国诗词，没有人能跳过苏东坡；读东坡词，没有人能跳过那阕《水调歌头·明月几时有》。该词从宋代传唱至今，历经八百年，依然是"流行曲"。这强大的生命力，历史上无出其右者。

此词作于宋神宗熙宁九年的中秋夜，这是东坡在密州度过的第二个中秋之夜。每逢佳节倍思亲，面对明月，东坡欢饮达旦，醉眼朦胧中，他想起了和自己从小感情极好、长大后在文学上珠联璧合的弟弟苏辙，兄弟二人已长达七年未见，强烈的思念之情在明月之下前所未有地涌上苏轼的心头。在思亲的同时，他又想起了自己的政治处境,因为不满王安石变法而遭到排挤与打击,于是一再被贬官外任。思亲之痛、失意之悲一时郁积于心,不吐不快。于是东坡他挥墨泼毫,开始书写这一阕中国文学史上永不能缺的绝妙佳词。

那么,该词为什么会具有如此强大的生命力和如此永恒的魅力呢?究其原因,是因为苏轼用最诗化的形式在精确传递个人的生命体验的同时,吟唱出了人类共同的生命体验,在给人们带来诗意化艺术享受的同时,也引起了人们情感的共鸣。

## 一、个人生命体验与人类共同生命体验的巧妙融合

文学首先是属于自我的,越具有情感独特性和艺术表达独特性的作品,越具感染力和征服力。苏轼在词中首先表达的正是他自己的独特情感。面对着政治失意、亲人分离的人生,东坡首先是忧伤的、痛苦的,所以他才会"欢饮达旦",举杯消愁愁更愁啊。东坡更是疑惑的,为什么自己忠心为国却遭排挤?所以他一起笔,就是一个大大的叩问:"明月几时有?把酒问青天。"因为苍穹的深邃、辽阔、博大、宽广和包容,叩问苍穹是人类遇到困境时必然的哲学选择。苏轼把酒问月既是对宇宙本体问题的叩问,也是对自己人生遭际的深度叩问。自然,这种叩问是无奈而沉重的,也是得不到青天回应的,但这种叩问却经常能听到自己心灵的回声。于是,东坡在叩问中有

了"我欲乘风归去,又恐琼楼玉宇,高处不胜寒"的心灵回声。任何一个人一旦真正走向了自己的内心,不管面对怎样的芜杂与矛盾,都能清晰地知道自己真正想要的。所以"乘风归去"只能是东坡短暂的消极想法,并非他的真正意愿,因为理性的他并不相信能在远离人间"高处不胜寒"的宫阙里觅到诗意的栖息地,最终他还是选择了返回现实,"起舞弄清影,何似在人间"!

　　文学首先是属于自我的,但文学又不能仅仅属于自己。法国文艺史家丹纳说:"莎士比亚不是外星球飞来的陨石,在莎士比亚的背后,有整整一个民族合唱团的合唱。"这句话告诉我们,一个伟大的文学家,一定是一个具有鲜明的个性,有自己独特的情感与表达方式的作家,但他的"自我",决不是自我陶醉的浅吟低唱,他的"自我"中一定包含着博大的"大我"的情怀,唯有含有"大我"的"自我",才有可能引起读者的情感共鸣。只有能引起读者共鸣的作品才是真正的好作品,才具有生命力。苏轼《水调歌头》一词就是"自我"中包含着"大我"的优秀作品。苏轼在抒发自我忧伤、痛苦、失意、矛盾的同时,还书写了人类共同的生命体验。这首词以把酒问月开篇,苏轼把自己的生命体验提升到具有恒久魅力的关于生命和宇宙本体的追问。在追问中,他找到了现实生活与理想生命状态的平衡点。所以他明白了:人生固然充满痛苦与磨难,但只要以旷达的情怀对待人生，依然能寻找到自己的精神家园。生命的意义在于过程，人生的得失荣辱、喜乐悲哀都无足轻重，只要平常而自然地生活下去，做到随缘自适，心中就会一片宁静。所以他写出了"人有悲欢离合，月有阴晴圆缺，此事古难全"的千古名句。世事本就如此，人生有悲欢离合，就像月亮有阴晴圆缺一样，自然规律是也，何须怨天尤人，何必自寻烦恼？不仅自己懂得了，他还很快超越了自己，在词作最后把自己透彻的人生感悟化作最美好的祝愿——"但愿人长久，千里共婵娟"，以此送给普天之下那些需要慰藉的心灵，希望那些失意的人们获得一份难得的静谧与温馨。

苏轼就这样将个体的生活感受，升华凝结为某种普遍性的人生领悟，其词表达的既是自己的生命体验，也是人们共同的生命体验，自然很容易引起人们的情感共鸣。

## 二、深刻生命体验与完美文学意象的巧妙结合

中华民族是世界上最具有月亮情结的民族，再没有哪一个国家哪一个民族，对月亮如此情有独钟。在中国文化里，月亮从来就不是一个普通的星球，它承载了太多太丰厚的文化内容。南京大学潘知常教授在《众妙之门——中国美感心态的深层结构》一书中写道：在月光世界里"中国人那根极轻妙，极高雅而又极为敏感的心弦，

每每被温润晶莹流光迷离的月色轻轻拨响。一切的烦恼郁闷，一切的欢欣愉快，一切的人世忧患，一切的生死别离，仿佛往往是被月亮无端地招惹出来的，而人们种种缥缈幽约的心境，不但能够假月相证，而且能够在温婉宜人的月光世界中有响斯应"。因为月的圆缺，所以月可喻人之团圆与别离；因为月色的皎洁，所以月可以象征美好、纯洁，进而引申为晶莹剔透的境界，以自然的纯洁对应人心灵的纯洁；因为月光的柔美、温馨，所以月可以象征思念，包括思念家人、故乡；因为月可以超越时空，所以月可牵系着相思的心灵，缩短时空的距离；因为月光之寒，再加上月宫中寂寞嫦娥的传说，所以月构成了孤独与失意者的凄苦与彷徨；因为月之永恒，所以它又成为士大夫逃避纷纭的现实苦难、超群拔俗、笑傲山林的人格化身。

可以说，在月亮身上集中了中国人太多的美好理想和憧憬，月亮早已被中国人诗化了，成为中国诗词中出现频率非常高的一个文学意象。苏轼是一个性格豪放、气质浪漫的人，在中秋之夜思亲念家又失意郁闷纠结的他，选择月亮作为自己心象之托再也合适不过了。

在词中，苏轼展开了丰富的想象，望着那轮皓月，他的思想感情犹如长了翅膀一般，天上人间自由地飞翔着，于是夜空中的月球俨然成了天上的宫阙和琼楼玉宇。他以一颗自由的心灵和月亮进行着情感的交流，营造出人和宇宙相通的境界。

在词中，苏轼又运用精妙的拟人手法赋予月亮人的情感，他把月亮当作倾诉的对象，尽情倾吐内心的痛苦与纠结，又把月亮当作可以寄情的友人，托月亮把自己美好的祝愿带给亲人带给普天之下所有分离失意的人。

苏轼的人生就如那月儿，圆缺满损皆全。有与发妻相敬相爱的和乐圆满，有与家人生离死别的缺损，有官场不得志难以施展抱负的阴郁。这样的人生自然也让他的生命体验更为深刻，他从月儿身上看清了自己应该坚持的人生之路：随缘自适，并且尽己所能给无数彷徨无助的灵魂带来光明与希望。

这种丰厚深刻的生命体验，巧借月亮这一完美文学意象进行了诗意化的表达，所以当得起"中秋词自东坡《水调歌头》一出，余词尽废"这一至高性评价。

## 【我教】

### 💬 一、导入：

读中国诗词，没有人能跳过苏东坡去，一首《水调歌头·明月几时有》从宋代传唱至今，历经八百年，依然是"流行曲"。这强大的生命力，历史上无出其右者。

宋神宗熙宁九年的中秋夜，月亮很圆很大。面对明月，东坡欢饮达旦，大醉。醉眼朦胧中，他挥墨泼毫写下了千古名篇《水调歌头》。今天，我们就来学习这阕宋词名篇，探寻一下东坡面对这一轮皓月的心路历程。

## 二、读懂词作：

（一）全班齐读，读对字音，读对节奏。

（二）结合注释，自己默读，读懂句意。

（三）读词前小序，了解词人写作目的。

词的小序往往是作者用来交代写作背景和写作目的的。在这个小序里面，作者交代了什么写作目的？（兼怀子由）

子由是谁？（苏轼的弟弟苏辙）

原来苏轼在月圆的中秋写这首词是怀念他弟弟苏辙，希望能和他团聚。那么大家知道为什么苏轼在这个时候会怀念他弟弟吗？

**屏显背景资料**

　　苏轼和他弟弟已经七年没有见过面了。而且他们两兄弟感情特别好。他们从小志同道合，在文学上珠联璧合，生活上更是手足情深。乌台诗案后，苏轼被贬官到黄州，苏辙马上上书皇帝，愿意用自己的一切官位为他哥哥赎罪。足以说明他们兄弟感情的深厚。这一点从他们诗文的往来可以看出。苏轼写给苏辙的诗歌多达104首，而苏辙写给苏轼的诗歌更多，有130首。

明确：兄弟情深，七年未见，所以在月圆的中秋，苏轼十分渴望能和久别的弟弟团聚。

**（四）寻读表达怀念、渴望团聚的句子。**

通过对小序的分析和材料的介绍，我们明白了苏轼写这首词的目的，但是关键还要看在词中有没有体现。你能不能从词中找出表现苏轼怀念子由，渴望和他团聚的句子呢？（学生找到后，先让学生简单分析，然后指导学生有感情读出来。）

示例：

"转朱阁，低绮户，照无眠。"中的"照无眠"可以看出苏轼想念兄弟，怀念到难以入睡。

朗读指导："无眠"应读拖音，读出漫漫长夜，词人因思亲不能入眠的苦闷。

"何事长向别时圆。"这句话的意思是苏轼恨月亮为什么在人们分别的时候特别圆。因为月圆人团圆，圆圆的月亮勾起了他对弟弟的怀念。

朗读指导：该句是对月亮的责问，"何事"读得要短，"长向"读得应长，"别时圆"要用重音强调"别"。

💬 **三、读懂词人:**

(一)知人论世,体会东坡的失意人生。

我们刚才从小序知道,苏轼写这首词的一个目的是怀念子由,难道苏轼写这首词的目的仅仅是怀念子由吗?从小序中的哪个字可以看出来?(兼怀子由的"兼")

这个"兼"字告诉我们一个很重要的信息,苏轼写这首词除了怀念子由,还有一个更重要的目的,到底是什么呢?小序中也没有介绍,怎么办?下面老师就教大家一个方法:知人论世。

**屏显背景资料**

> 宋神宗熙宁四年,苏轼因为不满王安石变法主动请调离京任杭州通判(由京官降为地方官),但心情还不错,毕竟"上有天堂,下有苏杭";
>
> 宋神宗熙宁七年,苏轼杭州通判任职期满,他被迫离开风光秀丽的杭州前往贫穷落后工资极低的山区——密州任职。

结合这些背景,你觉得苏轼在词中除了怀念弟弟之外,还想表达什么?(政治失意的苦闷彷徨)苏轼这种失意后矛盾、纠结的心情,表现在这首词的哪些句子上?(同上,学生找到后,先让学生简单分析,然后指导学生有感情读出来。)

示例：

"不知天上宫阙，今夕是何年？"表面上好像是赞美月宫，也有当今朝廷上情况不知怎样的意味。俗话说，天上一天，人间一年。那么天上如果一年，人间起码要几百年，苏轼现在却问天上是几年了，可见他感觉自己在人间密州好像已经过了几百年。虽然他被贬到密州不到两年，从中可见苏轼在密州的心情是多么郁闷。

朗读指导：用重音强调"天上宫阙"，"是何年"用拖音，读得缓慢低沉，读出词人内心的郁闷、纠结。

"我欲乘风归去，又恐琼楼玉宇，高处不胜寒。"可以看出苏轼内心的纠结、矛盾与郁闷，表面是说"我想随风回到天上神仙住的琼楼玉宇中去，但是又怕经受不住天上的寒冷"，也是指政治遭遇而言的，既渴望回到朝廷却又害怕朝廷尔虞我诈的政治斗争，自己难以容身。

朗读指导："我欲乘风归去"应是充满向往之情，要读得高昂些。"又恐琼楼玉宇，高处不胜寒"是纠结矛盾的，要读得深沉低缓。

（二）步步追问，感悟东坡豁达人生。

追问1：东坡想通了吗？（想通了）

所以他说："起舞弄清影，何似在人间。"想通后的东坡，仰望明月，不禁婆娑起舞，表现出积极的乐观的情绪。人世间固然充满艰难险阻，但只要以旷达的情怀对待人生，依然能寻找到自己的精神家园。

追问 2：选择了豁达乐观人生的东坡，面对亲人的相隔千里不再哀伤，而是说——

"人有悲欢离合，月有阴晴圆缺。"生活并不完美，人生有悲欢离合，就像月亮有阴晴圆缺一样，不必怨天尤人，生命的意义在于过程，人生的得失荣辱、喜乐悲哀都无足轻重，只要平常而自然地生活下去做到随缘自适，心中就会一片宁静。

追问 3：选择了豁达乐观人生的东坡，此时想到的不再仅仅是自己的弟弟，而是天底下所有分离的人，于是他说——

"但愿人长久，千里共婵娟。"在这里作者发出美好的祝愿，祝愿所有的人都能团聚。不论人生有多少坎坷，多少不如意，多少遗憾，美好的祝愿总能够给人送去温馨的慰藉，使心灵获得一份难得的静谧。

追问 4：

"人生不如意十常八九，可与人言不过二三。"生命是一条充满灾难的河流，东坡的人生也不例外。让我们看看这个年表：

**屏显**

1057 年，母亲程夫人卒。轼年 21 岁。

  1065年，妻子王弗卒。轼年29岁。

  1066年，父亲苏洵卒。轼年30岁。

  1084年，幼儿不幸夭折。轼年48岁。

  1093年，第二任妻子王闰之卒。轼年57岁。

追问学生：请用一个词来概括苏轼的命运。（比如：悲惨、苦等）

追问5：

如果这样的生离死别还不足以说明生命的苦难，我们再来看看这个仕途年表吧：

**屏显**

  1057年，参加朝廷的科举考试，阴差阳错只中进士第二名。时年21岁。

  1069年，因反对王安石的"新政"，恩师欧阳修等一批官员被贬，苏轼自求外放，调任杭州通判。时年33岁。十年间，调往密州、徐州、湖州等地任知州。

  1079年，因作诗讽刺新法，卷入"乌台诗案"，被捕下狱，坐牢103天，几濒临被砍头的境地。时年43岁。

  1080年，谪居黄州，任团练副使，职位相当低微，靠种田帮补生计。时年44岁。

  1084年，奉诏赴汝州就任。长途跋涉，幼儿夭折，路费已尽，不得已上书朝廷，请求到常州居住。时年48岁。后来起起伏伏，在官场沉浮不定。

1094年，谪居惠州。时年58岁。

1097年，谪居海南儋州。时年61岁。

1101年北返；往常州；逝世，时年66岁，谥号文忠。

追问学生：假如你很不幸也拥有了如许人生，你会怎样？（学生可能会答：绝望、消沉）

小结：面对着如许的人生，东坡自然是忧伤的、痛苦的，否则何需"畅饮达旦"？否则何需叩问苍天"明月几时有"？否则何需感叹"高处不胜寒"？但东坡没有放任自己的忧伤与痛苦，他毕竟是豁达的，他懂得"人有悲欢离合，月有阴晴圆缺，此事古难全"。世事本就如此，自然规律是也，何必自寻烦恼？顺自然者生，逆自然者亡。东坡是那种给点阳光就灿烂，没有阳光，自己点一盏灯也能灿烂的乐观主义者。在命运的黑云沉沉笼罩之时，东坡懂得为自己点一盏心灯，这是他的豁达与坚韧。"枝上柳棉吹又少，天涯何处无芳草。"（《蝶恋花·花褪残红》）他总能在最绝望的时候给自己找一个快乐的理由。

所以东坡真正做到了——

直面现实，"一蓑烟雨任平生"（《定风波·莫听穿林打叶声》）；

回首往事,"也无风雨也无晴"(《定风波·莫听穿林打叶声》);

处变不惊,坦然行世,"此心安处是吾乡"(《定风波·常羡人间琢玉郎》)。

希望东坡词中旷达的情怀、美好的祝愿、超越的精神、脱俗的生命情调给我们每个人带来共同的生命体验与美好的人生启迪!

## 透明草

春天，万物生长，总是会给人带来很多遐想和惊喜，那是关于生命的遐想和惊喜。

在一个春日融融的早晨，我用布袋子拎着一个直径十二三厘米的花盆走上了讲台。

"同学们，今天老师带了一盆仙草来给你们上课。"我先卖了个关子。

在各类模拟题中摸爬滚打已近麻木的孩子们瞬间被刺激到了，他们眼巴巴地看着我手中的袋子，有人忍不住发出了声音："仙草？什么仙草啊？"

我将一个仿麻袋造型的小花盆从袋子里拿出来，放在讲台上。

盆身是浅灰色的，上面还有三个颇具艺术感的字"梦之草"。花盆里长满了春天的绿意。植株的叶子极小，比小黄米的米粒还要小，但圆溜溜的，厚嘟嘟的，像极了微缩版的多肉植物。叶片颜色是养眼的新绿，密密麻麻长在水嫩的细茎上，嫩茎匍匐在生有青苔的泥土上，偶有几枝努力向上，在春风中微微颤动。刚用喷雾器喷过水，叶片上还隐隐约约留有晶莹的水滴。晶莹的叶子间仿若有红黄色的小花，也只能是仿若，因为花朵实在太小了。

我把花盆递给第一排的学生，示意他们快速看完后往后传。学生一边传看，我一边说："这就是我今天带来的仙草，同学们有没有在哪儿见过这种植物？谁知道它叫什么名字？"

他们纷纷摇头。

"其实这种植物每天都陪着你们上下课，已经看完的同学可以到教室外面找一找。"我发出了指令。

带着好奇，孩子们一窝蜂地拥到了外面。很快，他们激动地回来了："老师，就在门口的花坛里。密密麻麻一大片都是，绿莹莹的。"

教室里剩下的孩子听到了，也跑出去看那片绿莹莹的花坛。花坛离教室门口不到一米。花坛里没有花，只有一棵瘦高瘦高显得伶仃的剑叶龙血树。男生经常从上面轻轻一跃就可以跳到教室外的小平台，那是他们课间玩耍的宝地。女生们也经常在教室门口的花坛附近聊天、休息。但没有一个孩子留意到这花坛里早已长满了春天的绿意，并且长得那样鲜亮，那样恣肆。

等孩子们都回到座位坐好后，看着他们充满期待的眼神，我说："教室门口花坛里那层清澈的绿，最常生于路边的石缝和墙上的阴湿处。很多人不知道它的名字，更不知道它从哪里来，为何长在这里。但它是有名字的，它叫透明草，又叫小叶冷水花，还是一味解毒的良药。你看，上帝从未抛弃过每一个努力过的灵魂，也不曾辜负过每一个擦肩而过的生命。"

教室里响起了孩子们热烈的掌声，我想这掌声应该是他们对透明草这卑微生命的热情赞颂吧。这低到尘埃里的植物用自己的生命给我们上了一堂很好的生命哲学课，正如尼采所说的那样"每个不曾起舞的日子，都是对生命的辜负"。从这个意义上来看，这被人们漠视到几近于无的透明草，不就是可以启迪人类心智的仙草吗？

下课后，几个孩子追上来问我："老师，为什么你总能发现生活中不易察觉的美与感动，而我们却不能？"我问他们："还记得上学期我让你们写过的一个作文题'凝视'吗？请记住，未经凝视的世界是没有意义的。我们必须学会凝视这个世界，才能看到别人看不到的风景啊。正如这门口的透明草，如果不去凝视它，它对我们而言，就真的透明于无了。"

这是在充满生命的遐想和惊喜的春天里,在孩子们备考最紧张的日子里,我给孩子们上的一堂语文课。我希望他们在最焦头烂额的时候,依然不要忘了用心去凝视这个世界,从而产生对生活细节和生命细节的敏感。

# 写作，请遵从内心的声音

舞台上，美丽的女教师正在引导孩子们描画作文的开头，老师希望孩子们写出直奔主题又文采飞扬的凤头，但老师和孩子们似乎都有些吃力。

再过十分钟，他们要下课，我要上场了。我提前离开会场，走到舞台的候场区。我倚在窗前，窗外是三月的校园，校园依山傍海，连绵的山就像半圈围墙，立在很遥远的前方，海呢，看不见，也听不见。春日的阳光是明亮的，但三月的气温仍是清寒的，尤其是在这吹刮着海风的校园里，我不由裹了裹单薄的外套。

还有五分钟，就要上课了。但我还在纠结，有一个教学环节始终定不下来。

这是全省的一次教学研讨活动，大会安排了五节公开课，我是最后一个。两周前，我拿到了孩子们的堂上作文《总会想起那张照片》，书写不错，语言也不错，但大部分孩子不会精准审题，文章和题目多多少少都有些偏离，所以这节课的教学目标非常集中，训练学生精准读题的能力，提升孩子们依题构思的能力。

容不得我再想，孩子们已经上台了。我脱下外套，从后台走到了舞台。和往常一样，一旦喊出"上课"二字，紧张感便会荡然无存，我似乎忘记了场下有近千位老师在观课，在这一刻，我的世界里只有学生和课堂。

这是两个孩子作文的开头：

①盛夏的九月，太阳喷射出一团团炎热的气息。马路上人来人往，喧扬、闹腾，可我的心竟是冰凉、寂静的。繁重的学习压力叫我透不过气来，我看着书桌上叠起的"书山"，不禁感到绝望。我拉开抽屉翻找着教辅，却在书里找到了一张布满灰尘的照片。

②家里阁楼一个不起眼的角落，一个布满灰尘的箱子里，放着一张照片，每次去到那儿，我总会想起那张照片。

孩子们很快就发现这两个开头都是"看到这张照片，由此引起的回忆"，和题目产生了一定程度的偏离。班上近一半的孩子都在这里出了问题。考场写作是指令性写作，所以读题能力是考场写作的第一能力。其实大部分学生并不缺乏这种能力，他们缺少的是细心读题的习惯和读懂题目的方法，尤其是具体的可操作的方法。

我给他们的第一个方法是，咬文嚼字细读题。让孩子们一个字一个字地去读"总会想起那张照片"这八个字，当静下心来慢慢去品读细细去咀嚼的时候，理解题意真的不再是一个问题。孩子们说本题的写作主体必须是照片，引出照片的途径必须是"想起"，"那张"说明只能写一张，并且写作时照片不能在眼前，"总会"的意思是"经常会"，说明"那张照片"对自己的影响深远。读完题目，我又让他们读提示语，让他们去发现提示语的作用。孩子们很容易就发现作文题前的提示语通常有两个作用：一是帮助考生打开思路，二是暗示立意的角度。世界需要我们的凝视才有意义，作文审题不也是如此吗？

为了加深学生的印象，我对细读题的方法进行了归纳提炼：擒贼先擒王——把握关键词；一个不能少——关注修饰词；好风凭借力——重视指示语，并且让孩子们抄在本子上，记在脑子里。很多时候，孩子们是需要这样的知识和技能的，轻视知识和技能的教学是会让语文走向浮躁和虚无的。

我给他们的第二个方法是，以问引领助运思。让孩子们围绕"总会想起那张照片"问自己一些问题，他们提出的问题有："我"总会想起哪张照片？那张照片是什么样子的？为什么总会想起它？怎样写才能表现出"总会想起"？如果在考场上，学生们能这样读题，还会有偏题的问题吗？很多时候，教师只需要给孩子以正确的引领和帮助，他们的成长是一件自然而然的事。

　　至此，学生们精准读题的问题基本解决，我给了另外一个类似的作文题，让他们进行审题练习，效果不错。按照原先的预设，最后一个教学环节应该是让学生在准确审题的基础上，修改文章开头，并进一步完善文章的谋篇思路。我在备课中，一直纠结的问题来了。按照预设走下去，本节课的教学问题集中、紧扣目标、不蔓不枝，但心里一直有一个声音在问我："孩子们会精准审题了，就一定会写好作文吗？"我想起了这四十九篇作文中，有好几个孩子想起的照片是爷爷（或奶奶、外公、外婆等），总会想起的理由如出一辙，那是唯一一张也是最后一张合影，因为拍完照片，老人就去世了。雷同构思的背后是孩子们不真诚的表达，这种编造之风难道和我们习惯于教技巧、教技术的作文教学没有关系吗？

　　我想起了肖培东老师在其新著《教育的美好姿态》里的几句话："只要写作遵从命题和内心，想透了、想准了、想好了再写，就一定没问题……作文题，也是需要凝视的，与它对接的，必然是我们的生活和我们的内心。"

我想起了里尔克的《给青年诗人的信》中的话："没有人能给你出主意,没有人能够帮助你。只有一个唯一的方法:请你走向内心。探索那叫你写的缘由……"

这节课,孩子们学会了如何遵从题目,但他们学会遵从自己的内心了吗?念及此,我不再纠结。我不想让孩子们在课堂上修改作文的开头,也不想让他们在纸上写构思提纲,我只想让孩子们听听自己内心真实的声音。

那就先用我内心的声音打动他们吧!我和孩子们分享了自己多年前处于人生低潮时,在山海关城楼上拍的一张照片,近景是我消瘦孤独、孑然而立的背影,远景是宽阔绵延的城墙、平坦宽阔的平原和高远辽阔的苍穹。我对孩子们说:"在广袤的天地间,我一下子觉得自己渺小得就如人世间的一粒微尘,沧海中的一颗粟米。天地用其大让我意识到了自己的渺小与自怨自艾的可笑。所以每当感到寂寞、郁闷的时候,每当遇到不顺、感到难过的时候,我总会想起那张照片,因为我第一次明白了独处的意义,那就是冷静地面对自己,和自己和解,然后拥抱自己,让自己自在,让内心强大。"话音落下的时候,台上台下响起了热烈的掌声。我用极其认真的语气对孩子们说:"请大家闭上眼睛,认真地想一想,你总会想起哪张照片？你为什么总会想起那张照片？请听从自己内心的声音。想好后，可以把照片的内容和总会想起的理由写在练习纸上。"

几分钟后，舞台上响起了沙沙的写字声，一千多人的礼堂沉静如水。静水流深，我期待每个孩子内心的情感涌动。

五分钟后，一个男生举手了："我总会想起以前和班上的三个好朋友在一起学习的照片，我们在一起的时光很开心很温暖，现在我来到了新的学校，和他们分开了。每当我感到学习很累的时候，我就会想起那段和兄弟一起奋斗的美好时光。"

是啊，有朋友相伴的时光是那样的温暖和美好，定格在照片上的画面，因为逝去，所以总会怀念。当然怀念不等于一味地沉浸在过去，所以我对这个男孩说："在怀念过去时光的同时，也希望你能在新的学校找到自己的兄弟，并延续奋斗的温暖时光。"当我们听从自己内心的声音时，普通的人和事因为有了温度和亮色，自然就会温暖和照亮读者的内心。

第二个发言的是一个女生，她说："我总会想起那张站在家里的阳台上向外拍的照片，那是傍晚时分，天色还未完全暗下来，对面的家家户户都亮起了明亮的灯火。我总会想起这张很普通的照片，因为爸爸妈妈为了生活在外面奔波劳累，每天都回来得很晚，我总是一个人在家。现在我住校了，想家的时候总会想起那张照片，想起那张照片的时候,我就默默告诉自己一定要努力,因为家是需要每个人的努力的!"

家的光明和美好是需要每个家庭成员的努力的,这是生活给这个孩子的馈赠!我被女孩的话打动了,为她的懂事,为她对生活和生命的敏感,五分钟的静默时光里,她的内心翻起了怎样的波澜暗转?当我们听从了自己内心的声音,从心里流淌出来的文字一定会直抵人心!

我又请了一位男生,他说:"我总会想起那张戏台上唱潮剧的照片,我的亲戚原来是戏曲演员,所以我小时候经常去看戏,但后来在新的娱乐方式冲击下,国粹式微,很多年轻人把戏文当作过时的玩意,我觉得很痛心、很可惜。这是我总会想起那张照片的理由。"

当我们指向自己内心的时候,我们的写作思路会更加广阔,我们不仅会想到亲情友情,还会想到在现代社会剧烈的变动和冲击下传统文化的传承与发展这样宏大的选题。

还想再听听孩子们五分钟时间内思想和情感的激荡,可是下课的时间就要到了,在宣布下课前,我对孩子们说:"无论是日常写作还是考场写作,请大家一定要遵从自己的内心,因为好的文字都是来自于内心的声音,诗意和感动永远藏在自己世界的深处。"

这是写作的锦囊妙计,送给孩子们,也送给自己。

# 和儿子的语文式闲聊

## 一

车窗外大雨滂沱。转瞬,雨过天霁,天色清新。远处青山间升腾起团团烟岚。

六岁的儿子惊喜地叫道:"爸爸,快看,山冒烟了。"

"山上冒的其实不是烟,那是山岚。"

"什么是山岚?"儿子好奇地问。

"雨后,山上常有山岚出现,这是因为山林间水分蒸发加大,再加上温度降低,水分在空中易凝结成水滴,就形成山岚了。"

这个解释对六岁的孩子而言也许有些深奥,看着似懂非懂的儿子，我问他："你看，那山岚是什么颜色的？"

"白色。"

"对，'烟色如云白'形容的便是此景。"

山岚越聚越多，一阵风来，如白色的丝绸在隐隐青山间飘动。

儿子说："爸爸，山岚在飞了。"

"对啊，如果我们住在山上，也许能看到'云从窗里出'的妙景了。"

"云从窗里出？哈哈，真好玩！"

## 二

铁轨向大山里挺进。山连着山，隧道接着隧道，白色的动车便在这青山绿水间时隐时现。进入一个长长的隧道，动车便钻进了黑暗，只能听见疾驰而过的声音。

我继续和儿子聊天："你觉得隧道中行进的火车像什么？"

儿子："一条龙。"

"为什么不是一条蛇呢？"

儿子："蛇有那么长吗？再说蛇能跑这么快吗？"

"嗯，很有道理哦。那，这是一条什么颜色的龙呢？它在隧道里干吗呢？"

儿子："一条白龙啊，它在黑黑的隧道里奔跑。"

## 三

进山了，山路沿着淙淙的溪流向前延伸，路旁的树木藤萝郁郁葱葱，绿色在空中相接，形成了一个绿色的走廊，我和儿子手牵手沿着这走廊跟着游客也向前方延伸。

导游在向一群爷爷奶奶团讲解："这里是森林氧吧，每立方厘米空气中含有负离子数量超过十八万个，是洗肺的绝佳场所，大家深呼吸……"

儿子听了导游的解说，便四处寻找："爸爸，负离子在哪儿啊？我怎么一个也没看到。"

儿子的呆萌可爱引得周围的游人爆笑。

"负离子就在空气中啊，它太小了，所以我们看不到它，你也做做深呼吸，有没有觉得空气有点甜？"

儿子闭上眼睛，装模作样地深深地吸了一口气："好像是有点甜啊。"

在一片欢声笑语中，爷爷奶奶团继续往前走，赶着去景点拍照。

我故意放慢了脚步,和儿子落在了后面。山路一下子空寂起来,头顶是荫翳的枝叶,旁边是潺潺的水流,远处还隐约有飞瀑的泠泠作响。山路的石阶上墙壁上开始有了青苔,继续前行,青苔越来越多,绿绿的绒绒的,一个一个台阶地攀爬翻越。我和儿子一起去观察石壁上石阶上的苔藓。

"爸爸,这苔藓好像是有脚的,不断在爬,把墙壁和台阶都占领了。"

"是啊,还记得爸爸给你读过的'苔痕上阶绿'吗?苔藓是最低等的植物,但只要有合适的环境,它就会疯狂地蔓延,永不休止地生长的。"

山路越深,绿色越浓,脚底是绿的石阶,一侧是绿的石壁,头顶是绿的枝叶,人被绿色包围了,四周的绿似乎成了水雾与露滴,要滴落下来沾湿人衣。这不就是"山路元无雨,空翠湿人衣"的真实再现吗?于是,我又教儿子读了"空翠湿人衣"。

"苔痕上阶绿。"

"空翠湿人衣。"

……

一径青苔,一山空翠,还有句句清越的童声。似诗,如画,让人陶醉于这样的对话,享受于这样的山行。

山一程，水一程，父一程，子一程，行一程，聊一程。聊的话语，儿子有些懂，有些不懂，但我想文化是需要这样传承的，素养是需要这样浸润的。在这诗意的行走和语文式的闲聊中，我想在儿子的心中种下一颗诗意的种子，并期待能开出美好的、优雅的花……

## 我为什么要带孩子背诗

在路上，百无聊赖时，我和妻喜欢教儿子背诗，无论坐车还是步行。

春日融融的日子，我开车驶向郊外的春天里。妻和七岁的儿子坐在后排，窗外的风景看腻后，又开始玩背诗的游戏。

先从写春天的诗句开始，背到"竹外桃花三两枝，春江水暖鸭先知"一句时，儿子兴奋地说："这不是和杜甫写的'泥融飞燕子，沙暖睡鸳鸯'差不多嘛？"

杜甫这首，印象中还没教他背，我问："这句诗，你怎么也会啊？"

"老师在学校教我们的啊！"他一脸的得意。

背完苏轼的，开始背陆游的。

"遗民泪尽胡尘里,南望王师又一年。"妻子话音刚落,儿子说:"'王师北定中原日,家祭无忘告乃翁',里面也有王师。"

不等我们接话,儿子又问:"爸爸,好像有句诗里也有这个'乃'字,是哪句啊?我怎么想不起来了。"

"好多诗句都有'乃'字啊,你再想想。"我故意不告诉他。

不到半分钟,"好雨知时节,当春乃发生。"儿子脱口而出,带着与这诗句重逢的喜悦。

背完几首绝句,妻子又开始让儿子挑战辛弃疾的词作《菩萨蛮·书江西造口壁》。跟读了几遍后,背到"江晚正愁余,山深闻鹧鸪"一句时,儿子突然说:"这句和那句什么近黄昏的感觉好像啊。"我追问:"哪句什么近黄昏啊?"他认真回忆着,终于想到了。他开心地背诵出来:"向晚意不适,驱车登古原。夕阳无限好,只是近黄昏。"原来是孩子的老师在学校教他们背过的。很庆幸,自己的孩子能遇到一个这么好的语文老师,在渐行渐远渐无诗的时代,还能坚守诗教传统。

诗教,原来是中国教育的优良传统,在民族文化精神和文化人格塑造过程中,曾经发挥过重要作用。但有人说现在是一个诗歌已死的年代,哪还有人去背诗写诗呢?孩子背这些诗词有用吗?他懂得这些句子的意思吗?

是啊，孩子为什么要背诗？不能靠它吃饭，也无法指望它拿高分。诗歌从来都和功利无关。我们之所以要在游戏中了无痕迹地把这些曼妙的诗文、美妙的文字种在他的心上，只是想让他在春天，看到桃花盛开的样子，心里突然会冒出"桃之夭夭，灼灼其华"的句子；只是想让他在夏天的池塘边看到荷叶铺展时，可以吟咏出"接天莲叶无穷碧，映日荷花别样红"的句子；只是想让他在秋意渐浓的溪岸河边，知道什么是"老树呈秋色""苒苒物华休"；只是想他在飘着雪的夜晚，思念朋友时，心里能默念出"晚来天欲雪""红泥小火炉"这样的句子。我们只是想我的孩子在生命中的某一天，遇到了某个风景、某份心情、某个人的时候，能突然想起他心里曾留存的那首诗，那句词，那幅画。

这种感觉无关功名，更无关富贵，但关乎生命的丰满，关乎对生命细节、生活细节的敏感。我希望我的孩子是一个生命充盈的人，我希望我的孩子是一个对这个世界有感觉、有感情的人。这是事关审美与情感的教育，所以我重视。

学诗的作用还不止于此。

孔子曾对儿子孔鲤说："不学诗，无以言。"不学诗，还不至于不会说话，但可能不会雅致地表达。诗歌的语言是最精美的语言，还有着音乐的外在形式。在孩子记忆力最好的时候，让他大量吸收这些民族语言的精华,可以使孩子的语言更形象、更美、更准确。读诗背诗,是最好的语言滋养,所以我重视。

孔子还说:"小子何莫学夫诗?诗可以兴,可以观,可以群,可以怨。迩之事父,远之事君,多识于鸟兽草木之名。"看来,学诗不仅关乎审美、情感,它既是审美教育和情感教育最好的知识载体,也是这两种教育所要达到的最终目的,使受教育者最后成为一个有文化、有知识、有修养的完善的人。我期待我的孩子能成为这样的人,所以我重视。

好雨知时节,当春乃发生。在孩子可塑性最强的时候,我带着孩子背诗。一首好诗正如这好雨,在最恰当的季节,滋养生命,启迪智慧,并以诗性的方式教我们如何生活,如何做人。我想,这是不是最好的理由?

# 我想和大家说那些未能说出的话
——在2017届初三（1）班最后一节语文课上的讲话

按语：总说毕业遥遥无期，一转眼就各奔东西。考前叮嘱的话，几天前已经写在了黑板上。然后告诉孩子们不要擦，每天都可以看几遍。一声再见，就在眼前。

我怀念，有你的岁月，人生下站路口见。

我一直告诉自己要带着灿烂的笑，但一直准备到昨晚凌晨两点的话，还没开始，就有泪崩的感觉，怎么办？看着座位上几个泛着泪光的孩子，我感觉自己很快要败下阵了，流泪的画面太不符合我的风格。我果断地找了一个比较理性的孩子，请他帮忙说完那些我未能说出的话。

一班的孩子们：

印好的试卷还没发完，还有一些题目没有讲评，我还没有酝酿出一点点的离情别绪，还想着上完了今天的语文课，明天继续。但是，年级的通知提醒我今天就是我们的最后一节语文课了。

这最后一节课应该和三年中任何一课都不一样，它应该像《小王子》中那只狐狸说的那样——某一天与其他日子不同，某一时刻与其他时刻不同。这最后一课应该是一个仪式。人类是极需仪式感的，尤其是一件事情的开始和结束，开始要喜庆，结束也要隆重，比如生日与葬礼。在座的每一个人都能清晰地记得我在初中的第一节语文课上，用粉笔在黑板上写下了自己的名字，然后让大家猜它的意义。你们记得，我自然不会忘记，因为那是我在很多公开课上屡试不爽的公开秘密。更多的内容，也许你们已经忘记，但我依然清晰地记得，那节课上我希望大家能在语文学习中构建自己的精神家园，我还告诉各位"只要有梦想，心就不会流浪"。那是我准备了好久好久的一节语文入门课，只为了献给我新一届的崭新的孩子们。到了这学期快要结束的时候，我就告诉自己一定要认真准备好最后一课，用最精美的语言来装扮，用最精彩的哲思来点缀，用最真挚的情感来充实。可是在忙忙碌碌中，我总感觉最后一节课还在遥远的未来，于是还没来得及开始备课，我却已走上了讲台。原来，所有的再见都是猝不及防的事。

日本作家村上春树怀着无比芜杂的心情说："在这个世界上，许多别离径直就是永别。因为当时未能说出来的话，就将永远无处可说。"很幸运，今天，我还有四十分钟时间可以和你们说那些未能说出的话。

我想和你们说的第一句话是：感谢你们三年的宽容以待。

三年来，我想给大家的不仅是语文分数，不仅是语文素养，老师还想给大家一些终身受用的东西，比如思维的方法、做人的品质……但很遗憾，因我自身素养的不足，很多东西没有变成现实。

我是个性情中人，在你们面前从不掩饰自己的情感，所以我会很率真地表达自己对大家的喜欢、欣赏、不满、抱怨。我一直认为赏识是一种教育，批评同样是一种教育。但我忽略了每个孩子在同伴面前都是爱面子的，以爱为名的批评也可能是一种伤害。所以我很难忘记倪隽、丁维希等同学在语文课上因为被批评而哭泣。我向所有可能被我的批评伤害过的孩子说声对不起，虽然我知道你们早已选择了宽容与忘记。还有，不管老师怎样批评你们，你们都选择了尊重和理解，给了我前行的更大动力。从这一点看，你们更像个大人，而我却像个孩子。

我想和大家说的第二句话是：做你们的语文老师，我很幸福。

很多学生会感谢老师，感谢老师教给自己的很多很多。但我更想深深地感谢每一位同学，因为我一直认为教师的事业是由学生成就的。能做你们的语文老师，我很幸福。

每天早晨，捧起你们的随想本的时候是我一天中最愉快的时光，在随想里，我能洞悉你们的喜、怒、哀、乐，能倾听你们的童言稚语，还能勾起我无数的美好回忆。回顾三年的语文课，我们一起创造了很多精彩的瞬间：我们在《安塞腰鼓》一课中气震山河的朗读，我们在《曹刿论战》一课中尽情展示风采的激情辩论，我们运用起承转合一起完成的故事，我们共读《朝花夕拾》和《野草》的收获，还有我们自己出版的班报和排练的课本剧，当然还有校园里我们共写的那两棵开花的树以及教室门口的透明草。这样的课堂之所以说精彩，不是来自专家的评判，而是因为你们在回忆的时候还记得那么清晰。

我经常思考，我的语文能给学生带来什么？我认为理想的语文课，应该是在言语实践中提升学生智慧，在情感体验中丰富学生心灵，在精神涵育中发展学生思想。所以，除了带着大家读语文书，更多是带着大家读课外书；除了读万卷书，还引导大家行万里路，并用写作记录自己的行与思。不仅要大家写，我也和大家一起写。我来不及统计了，但我印象中你们是我从教十六年来，正式发表文章最多的一个班级。我从不吝啬我的故事我的情感,我和大家讲我读书的故事,讲我如何从一个最偏远的山村走进大学的殿堂,我还喜欢和你们分享我写的文字,然后有些羞涩地陶醉在你们热烈的掌声里。因为我一直觉得我应该向学生们传授知识,但这远远不够,我还希望自己能引领学生们如何做人,如何诗意地生活,如何拥有丰富的感情并能勇敢地表达自己的感情。

我想和大家说的第三句话是:我永远以你们为骄傲。

三年来,你们的语文成绩一直是最好的,你们在各项语文活动中的表现也是最好的,你们是为年级贡献考试范文最多的,你们的作文在网上传播后早已成为其他学校作文教学的素材与范例……

有一本杂志要刊登一篇我的教学成长故事,其中我引用了张睿涵同学对我的语文课的评价:"总是会想到丁老师在讲古文和一些精读课文时给人带来的圆融、完美和荡气回肠的感觉。这是一种令人愉悦的精神享受,就像在阅读一部有深度的小说,或像在看一部导演得很好的电影,情节和思想一层层展开,一点点深入,关注语言和写法,从细微之处曲径通幽,最后抵达终点,上升到一个和生命、文明、文化、情怀等有关的高度。"后来编辑老师看了,说这怎么像一个教研员写的,能不能换一个像学生的。

我后来换成了罗单丹小清新版的,但我心里一直在偷乐儿,因为我的学生太牛了,都赶上教研员水平了。

倪隽在报纸上发表过一篇文章,题目是《发现文字的秘密》,该文章得到了《羊城晚报》首席评论员何龙先生的高度评价:"作者的文笔很成熟,成熟到超出初中三年级的一般水平。如果这完全是作者的原创,那么这位同学在写作上可真是前景可期。"我很想告诉何老师,这不仅是原创,还是倪隽刚上初二时的原创,我们必须承认高手在少年啊。

在以你们为傲的同时,我还是要深深地表达谢意。

感谢你们对我的宽容,感谢你们对我的肯定和鼓励。

王本昊同学说:"丁老师的语文课,带给我的不仅是六本语文书的厚度,更是语文二字的重量;不仅是中考考场上八页语文试卷,更是敏锐的文字触感、深厚的人文情怀;不仅是放榜那天白纸黑字的考试分数,更是对待事物的思想思辨、对待生活的用心用情。丁老师的语文课,始于语文,却比语文更多……"

何梓瑶同学说:"丁老师向我们慢慢展开一帘画卷,画着大千的文学世界,点缀着他自己的独到见解,绝不限于教学参考书的拘束,绝不屈于主流的观点。富有主见的思考是需要积累作为基础的。而这样庞大的知识储备和扎实的语言功底,我相信是来源于丁老师的激情。若是没有激情，一个人又如何有所造诣呢？"

……

还有很多同学的文字，我无法在此一一列举，我会把这些文字永久珍藏，作为最高的奖赏和永久的奋斗动力。

很快要下课了，老师想说的话太多太多，但汇聚在一起，就是一句话：不管大家今后走到哪里，生活得怎样，都不要忘记用语言文字滋润自己的精神与灵魂，永远做一个坚强有梦想的人。

还剩下一点时间，你们再看看卷子，我再看看你们。

最后，祝大家拥有梦想，美梦成真！

你们的语文老师：丁之境
2017年6月12日

# 探寻语文课堂教学之境

没有来由,我从小就喜欢语文!固执地认为自己的生命应该与那些曼妙的文字相伴,所以高考填报的志愿全都是师范大学中文系。大学毕业,我毫不犹豫地放弃了令人羡慕的高校行政工作,选择到中学做一名语文老师,开始了语文教学之境的美丽探寻。

## 感性同理性交融

我认为语文应该是感性的,浪漫的;语文课堂是唯美的,激情洋溢的。初登讲台,我恨不得把自己认为美好的文字、情感、作品一股脑儿全教给学生,希望他们在文学的熏陶下都能成为学识上的富翁,精神上的贵族,情趣上的雅士。长期的文学阅读给我带来了一些文史积累和较好的语言表现力,这多少让我的课堂教学有些感染力和吸引力。初为人师,就得到学生的喜欢,家长的认可,这难免让我有些沾沾自喜和"年少气盛"的张狂,并肤浅地认为语文教学无非如此:只要教师博学,课堂上能说会道就行,诗意的语文何需依赖教学理论和教学方法这些枯燥的东西呢?课堂上的我随意而为,率性而教……

可一次全区公开课给了我当头棒喝!那是我从教第二年第一次面向全区老师上展示课,我高度重视,素材收集充分,课件制作精美,教学板块设置明晰,文本主题挖掘深刻。我信心十足地登上了讲台。可上课没多久,我感觉自己一直是在拽着学生走,和学生的对话越来越艰难,课堂气氛越来越沉闷,最后只得用一言堂的方式仓促了事。评课时,区教研员麦嘉本老师问我:这节课你想解决的核心问题是什么?教学内容的确定符合学生的需要吗?……几句话问得我面红耳赤、手心冒汗,我这才意识到自己之前追求的浪漫语文忽视了学情,并且因缺少学理的支撑而没有章法。

理想的语文教学到底是怎样的?带着疑问,我开始研读《中学语文教学》《语文教学通讯》等专业期刊,阅读叶圣陶、张志公、钱梦龙、于漪等前辈有关语文教学的文章。边读边揣摩,渐渐地,我认识到虽然语文是感性的，是诗意浪漫的，但这不是语文的全部，语文课必须闪烁着理性的智慧、科学的精神，教学内容的确定，教学方法的选择都是有其规律和原则的。我心中豁然开朗：语文应该是感性同理性的交融。

## 简约和灵动共生

理性的认识带来了实践的变革，我把课堂时间更多留给学生进行言语实践，尽可能让每一位学生都能自由地阅读，大胆地质疑，积极地思考。我带领着学生共读一本书，共写一篇文，进行专题写作、深度写作，开展课前 5 分钟微作文分享，编印班报，排练课本剧……注重让学生在一个个具体的语言实践中领悟、掌握语言的特点和规律，获得必要的言语经验和语用方法，从而提升他们的言语能力。

实践中，我似乎明白了语文是什么。但语文课到底该怎么教？我不断地追问自己。

站在巨人的肩膀上才可以看到更远更美的风景。在实践的同时，我认真研读余映潮、黄厚江等名师的课例，汲取名师的教学智慧。我感受到名师们的课堂教学目标明确，教学内容清楚具体，教学方法返璞归真，教学过程灵动流畅。简约而灵动——这才是我要追求的课堂!

于是我决定从自己的每节课做起,努力去砍斫课堂的浮华与冗杂。

语文课要简约、灵动起来,需要教师在充分研读文本基础上科学地整合教学内容,精心地设计教与学的活动。于是我在教材内容的整合上进行了探索,不仅将同一话题或同一体裁课文进行整合,还进行了读写结合式单元整合,其中《以写促读——七年级下册第三单元写人记叙文整合教学》《让诗歌充盈我们的心灵——九上第一单元现代诗歌整合教学》等课例受到同行和学生的好评,在此基础上撰写的论文《初中语文单元整合教学实践研究》在2011年中国中学语文教学论文大赛中荣获特等奖。

在此期间,我获得多次上公开课的机会,从区里到市里,从市里到省里。为了做好这大大小小的几十节公开课,我反反复复地研磨教材,一次次地推翻自己的教学设计,各种建议、各种教法充斥脑海,那种无路可走、夜不能寐的滋味无法用言语来描述。磨课的过程虽然很痛苦,但这种磨砺带来的是我对语文教学规律的更深认识,对语文教学本质更多的参悟……功夫不负有心人,2008年年底,我在广东省中青年初中语文教师作文教学现场观摩活动中获得一等奖。一位老师在评课时说:"丁老师的课堂教学语言丰富多彩,善于运用不同的语气、语调吸引学生的注意力。互动环节,丁老师引导有方,学生随心所欲,课堂充满灵动、洋溢着快乐。"同行肯定的话语激励着我更加努力地探寻语文教学的美丽之境。

## 精微与深远相成

教然后知困,学然后知不足。我深知要想让自己的语文课常教常新,获得持续性发展,必须做自己课堂的思考者和研究者。一路走来,我很幸运地在专业发展的关键时期遇到了几位导师——广州市教研员谭健文和陈坪老师、广东省教研员冯善亮老师。他们鼓励并提醒我,要从科研的角度提升自己的课堂教学。在他们的引领下,我开始做课题研究,用课题研究引领教学实践,让自己的课堂教学走向精微和深远。

我申报的第一个课题是"新课程背景下初中文言文有效教学策略研究"。针对文言文教学模式僵化、"言""文"割裂的弊端,我提出了自己的研究方向:文言文教学应以诵读为基础,铺设由"言"到"文"的平台;以词句、文意的理解品析为抓手,架起由"言"悟"文"的桥梁。围绕这一研究方向,我和课题组成员研发出一些优秀教学案例,并总结提炼出了多种实现"言文统一"的教学策略。比如以读促讲法、主问题带动法、关键词串联法、活动带动法等。2009年3月,在广州市第三届十佳青年语文教师评选课堂教学总决赛中,我采用了主问题带动法执教《愚公移山》,围绕"平险"二字设计了一组主问题:愚公为什么要"平险"?"平险"的过程是怎样的?周围人对愚公"平险"的态度如何?"平险"的结果如何?这组主问题在教学中主导、牵动着教学进程,表现出"执一而驭万"的力量,得到了评委老师的好评。会上我不仅当选为"十佳",后来还以此课例为基础撰写了研究论文,发表后被人大报刊复印资料《初中语文教与学》全文转载。十年的课堂耕耘,我发表了多篇文言文教学的案例和论文,其中"言文统一教学观指导下的初中文言文教学策略研究"荣获广州市教育教学成果一等奖。学生在回忆这三年的语文课时,不约而同都提到了他们对文言文课堂的喜欢。罗单丹同学写道:"学古文时,我总爱盯着老师的眼睛,耳边细细地听那抑扬顿挫的声调,想象着桃花源身临其境的梦幻,感受着陶渊明'采菊东篱下,悠然见南山'的无我之境……"广东省教研员冯善亮老师评价我的文言文教学"立意高远、言文统一、扎实而灵动"。目前,这种言文相融的教学方法已成为我校语文教学的一个特色。

为了破解中学作文教学难题,在黄厚江老师"共生写作"教学思想的影响下,我投入到了"师生共写"作文教学探索中,希望在师生共写的教学过程中,带领学生完整经历写作的全过程,向学生揭示完整的写作思维过程,揭开写作的奥妙,唤醒学生潜藏在内心的表达欲望和言说本能,让学生习得言语技能。

教育科研让我的语文教学走向精微和深远。为了回归语文的本然,真正提高语文教学的效益,我又申报了省教育科研"十二五"规划重点课题并获得立项,希望通过深入研究,打通"课堂语用"与"生活语用"的界限,让学生在现实生活中也能自由运用语文课上学到的言语本领和技能。

关山初度路犹长,探寻语文课堂教学之境,我永远在路上。

"思则睿,睿作圣。"——《尚书·洪范》

"学而不思则罔,思而不学则殆。"——《论语》

这些圣贤之言,都在强调思考的重要性。对于一名教师而言,思考尤显重要。教而不思则滞,唯有不断思考,才能对教育教学有全面、系统、清醒的认识,进而提升自己的教育教学水平,并形成自己的教育教学思想。

教之思的最好途径之一是撰写教育随笔。既是随笔,自可随手拈来,无拘无束,教学片断、教学反思、教育故事、思想火花……皆可成文。记录的过程其实就是反思、审视、总结、升华的过程,也是思想的生长过程。

笛卡尔说:"我思故我在。"不断地反思、不停地写作真的重塑了我,并且检验出了我的深与浅,让我更清楚地知道该怎样面对我的学生、我的课堂、我的工作……

辑二
—— 思想在场
—— 我思故我在

## 教育的慈悲

很多年前,听过两个从佛家理论解说教育的段子:

段子一:按照禅门的"顿悟"说,学生优秀与否,和老师没有多大关系。优秀的都是顿悟的,不优秀的是还没有顿悟,有些人迟早要顿悟,有些人一生都是不开化的。所以教师这个职业是一个一直在做无用功的职业。这辈子做老师的,都是上辈子干了伤天害理之事的人,佛罚这些人用一生做无用功来赎罪。

段子二是以段子一为理论基础的,或者是段子一的形象化、具体化、幽默化:上辈子杀猪,这辈子教书;上辈子杀了人,这辈子教语文。这看起来很符合佛家的轮回说和报应说。

我当然不认同这些歪说,和大多听过的人一样,当作戏谑之语,一笑了之。

但做老师做得越久，面对学生我的心越柔软，我就越来越觉得教育还真的和佛家的一些学说有相通之处，比如教育者应有一颗佛心，应有一颗慈悲心。从某种程度上教育还真像佛的工作，是一份度人的工作。

佛家禅语道：天下之心，以慈悲为怀。佛家对"慈悲"一词的解释如下：慈爱众生并给予快乐（与乐），称为慈；同感其苦，怜悯众生，并拔除其苦（拔苦），称为悲；二者合称为慈悲。

我觉得教育的过程本也是拔苦且与乐的过程。可很多时候教育在现实中却变成了拔乐和与苦。极端的示例很多，比如不断爆出的以虐童为乐的幼儿园，再比如让学生互扇耳光的那位老师。极端的东西如果不能说明普遍的道理，我们就来看看常态化的教育现实：从来没有完全平等过的德、智、体；喊了二十多年没有减下来的学业负担；在追求事物正确答案只有一个的过程中对学生思维的禁锢；缺乏生命意识的枯燥课堂；学生犯错时不去追问理由的训斥与惩罚……

教育的本质是立人，教育的使命是引领成长。成长是什么？成长是生命痛苦的拔节过程，成长是不断犯错不断修正的历程。成长的痛苦很大程度不是肉体上的，而是心灵与精神上的。比如自我认知的困惑、同伴认同的困扰、师长认同的压力等。而青少年时期是生命最迷茫最不知所措的一段历程，所以他们会冲动会莽撞会封闭会放纵，然后又自我否定在痛苦中自我疗伤。这一时期恰好就是他们的受教育期。处于这一生命周期的孩子最需要的是同情，即感其苦，这就需要教育者给他们宽容，给他们各种尝试的机会，在他们尝试遇挫时给他们温暖的安慰与指引。深深理解孩子的成长之痛，感同身受地去贴近每一个拔节的生命，尽最大的可能为孩子拔除痛苦，这就是教育的慈悲心。

教育的慈悲仅仅是拔苦肯定是不够的，教师还应该努力地帮助学生快乐地成长。帮助学生快乐成长，可从以下几个方面努力：

一、为学生创设一个自由而幸福的集体环境。任何因严格而压抑的集体，都不能让人幸福与快乐。我们的班级应该是明亮清爽洋溢书香气息的，应该是可以自由呼吸又井然有序的。我们的师爱应该像阳光一样包围着学生，又给学生光辉的灿烂与自由。所以班主任老师要试着进行班级文化建设和班级精神的塑造。

二、为学生创造一个高效而快乐的学科课堂。每一个科任教师应该从提升自己的专业水准出发，珍视自己课堂的每分每秒，把每分每秒都当作黄金时间。认真研究学生，摸清学生真实的起点，弄清学生真正的疑点，清楚学生可以到达的提升点；认真钻研教材，确定合理的教学内容、寻找巧妙的课堂切入；认真钻研教法，构思最简明的教学环节，设计最能激发学生兴趣的教学活动，采用最能激发学生思维的教学策略。课堂高效了，课后作业就可以少了，学生的负担就可以轻了，学生就喜欢了高度投入了，学科成绩当然就好了。

　　三、为学生搭建一个自我成长自主教育的平台。教师只能帮助、引领学生成长，我们不可能取代学生成长，更不可能命令学生成长。我们能做的只能是给学生提供生长的土壤和展示的舞台，让每个生命以其自然之伟力促使自己提升，比如在班级架构中尽可能让每个学生都有自己的位置和价值，比如在课堂实施中尽可能让更多的学生实践展示与交流。只要我们尊重了学生独立自主的地位，然后给予恰如其分的帮助和引领，学生一定会在这个广阔的平台上茁壮成长大放异彩。

　　"慈悲"在佛教中是一种大境界，也是一种大智慧。教育的慈悲在教育中也是一种大境界、大智慧。我们呼唤这样的慈悲！

# 追求回归原点的教育

一峰则太华千寻,一勺则江湖万里。

一元而始,九九归一。

在中国哲学里,一,即道。道乃万物之根源,道乃万物得以存在之根据。

教育人始终在寻找教育之道,但教育之道的找寻很难,我们走过了太多曲折之路。十年新课改,中国教育发生了翻天覆地的变化,也取得了跨越式的发展成就。但毋庸讳言,中国教育的一些老大难问题,如素质教育的推进、学生课业的减负却始终无法找到解决的根本路径,甚至有愈演愈烈之势。其中一个很重要的原因,就是多年来我们在大踏步前行的时候,来不及回头望望与静下心来想想,于是，不经意间已同教育的初衷渐行渐远，失去了教育原点处最单纯的美好。

什么样的教育才是回归原点的教育呢？

回到原点的教育必然是把人的发展写在旗帜上的教育。

教育其实很简单，用两个字概括就是"立人"。教育的本质是成就人的丰富心灵，教育的原点是关注人的发展。但不少人却在教育的丛林中迷失了方向，他们执着地追求考试的分数和升学的人数，甚至不惜以牺牲学生的生命健康为代价，去进行题海战术机械训练。这样的教育完全背离了教育的本质，不仅不能提升生命，甚至可能会戕害生命。

关注人的发展的教育首先是引导学生怎样做人的教育。所以我们学校始终坚守"以人为本、以质立校、以德树人"的办学理念，我们明确提出培养"三高四优（高境界做人、高质量学习、高品位生活；品德优良、学业优秀、能力优异、举止优雅）省实人"的育人目标。

关注人的发展的教育还应该是关注每一个生命个体的教育。教育的目的就是育人，但不是无视孩子的个性差异，进行整齐划一的训练。所以，我们坚持"因材施教""关注每一个生命个体"的教育。我们必须努力让每个孩子在原有的基础上得到成长，让不同的孩子得到不同的成功。我们倡导"容错"教育文化，对学生少一分严厉，多一分宽容。用自己最大的耐心去关爱每一个孩子，让每个孩子做一个堂堂正正的大写的"人"。

回到原点的教育必然是尊重人的成长认知规律的教育。

有人问：当今中国最辛苦的是谁？都说：我们的孩子。不是吗？每天清晨，他们匆匆忙忙冲出家门赶去上学；晚上，家长在看电视，孩子们在灯下紧张地做作业……大家都非常辛苦，非常用心。可我们的教育方式，常常表现为老师和家长配合着，在辛辛苦苦、兢兢业业地构成对孩子成长的压迫和摧残。

一直以来，不管是老师还是父母都是这样教育孩子的：吃得苦中苦，方为人上人。为了今后不吃苦，现在什么苦都要吃。但实际上，教育是生活的过程，而不是将来生活的准备。任何不合乎孩子们认知成长规律的教育，都是压抑人的天性的行为。

为了尊重孩子们的成长认知规律，我们坚持"高效率、轻负担"的课堂教学，我们坚持教育活动同学生活动相结合，我们用心去打造"学生自主教育"的办学特色……学校只是给学生提供生命生长的土壤和生命展示的舞台，让每个生命以其自然之伟力促使自己提升，其结果是学生既收获了成长，又收获了快乐与幸福。

回到原点的教育，必然是远离功利高扬理想主义的教育。

黑格尔说:"一个民族有一些关注天空的人,他们才有希望;一个民族只是关心脚下的事情,那是没有未来的。"教育更是如此,教育若是一味"关心脚下的事情",就很容易在浮躁和急功近利中迷失自我,陷入片面追求升学率的应试教育误区中不能自拔。教育既要脚踏实地,更要仰望星空。教育在关注现实的同时,必须高扬理想主义的大旗。

希望我们的老师都能坚守自己的教育理想,希望我们的教育能够让每一个孩子现在生活得幸福而有意义,并为孩子们幸福而有意义的一生奠定良好的基础。

这应是我们追求的回归原点的教育,这应是我们必须遵循的教育本质。让我们为此而努力!

# 让子弹再飞一会儿
## ——《让子弹飞》带给我的教育思考

贺岁片《让子弹飞》是2010年最火爆的影片之一，听到这个名字的第一反应是故弄玄虚莫名其妙，看来这些所谓的艺术家不把观众搞得找不着北，就觉得自己的作品不够档次。进了电影院，看了电影片头才知道电影名原本是《让子弹飞一会儿》，导演姜文专门用特效把"一会儿"三字截掉了。

"让子弹再飞一会儿"这句台词在电影中共出现了两次，一次在影片的开始，一次在影片的末尾。电影开头，姜文饰演的马匪首领张麻子出场——劫火车！他瞄准火车放了几枪，居然一枪未中，弟兄们诧异，一向枪法过人的老大怎么会失手了？张麻子悠然说一句:"让子弹飞一会儿。"影片末尾,当姜文带着弟兄截杀黄四郎,"砰砰"的响声后没有动静,张麻子同样悠然地说了一句,"让子弹飞一会儿"。从写文章的章法来看,居于凤头豹尾之要害部位,且形成首尾呼应不断点题之势。按照对事物的常规理解,这样的匠心独运应该是别有深意的。

看完电影,细细琢磨还真的琢磨出了一点味道。影片中姜文饰演的张麻子几次说完"让子弹再飞一会儿",话音刚落便是打击目标的彻底被摧毁。看来张麻子之意是在强调:子弹刚出膛之际并非力量最强大之时,而是飞一会之后才会有意想不到的爆发力。在整个故事中,几乎不可能被打倒的黄四郎的失败,也是在民众力量的漫长孕育和积累等待之后。我想这部电影要隐喻的内容必然包括了等待、坚持是一种大智慧这一命题。我们生活在一个物质高度发达财富急速积聚欲望无限膨胀的社会,很多人都想用最短的时间最高的效率赚最多的钱出最大的名,整个社会似乎都陷入了急功近利的盲目奔跑中。

作为一名教师,我不由得想起了自己从事的教育工作,教育不也早已放弃了自己的坚守,而在浮躁中迷失了自我吗?学校为了出成绩,不尊重孩子的成长规律和认知规律,以牺牲学生的时间和兴趣为代价换取可怜的升学率;教师为了出成绩,违背教育教学规律,以练习代替教师的教和学生的学；家长为了孩子能进名校，周末带孩子转战各种奥数奥英班和各种兴趣班……成长原本就是一个平凡的奇迹，但我们似乎忘记了拔苗助长的悲剧，种种急功近利行为带来的是教育乱象丛生，很多天纵之才就在这个社会教育群体的不敢等待、懒得等待中被埋没甚至被戕害。作为老师，我们面对孩子成长中的问题经常失去等待成长的耐心，用冷眼冷语、严词训斥代替了春风化雨诲人不倦。其实，我们再等待孩子一会儿又如何？

作为一名语文老师，我自然也想起了自己从事的语文教学工作。为了提高所谓的效率，我们不是已经习惯了用生硬的灌输取代学生自由的探究吗？为了赶课堂的进度，我们不是经常在课堂上打断孩子有些啰唆的发言吗？还有，我们似乎更喜欢给学生的是结论式的解读语言，而不是能润泽学生生命的文本语言，我们似乎更愿意自己在课堂上高谈阔论，而吝啬于学生朗朗的读书声。其实，我们为何不敢慢下来，让孩子们于读书处尽情地读，于写字时认真地写，于品味时深入地品，于交流时自由地交流，于背诵时美美地诵？

任何事情，欲速则不达，为了急功近利的目标，我们希望跑得再快一点再快一点的时候，其实已经在离目标越来越远了。教育是最需要积淀和定力的事业，在这个过程中我们应作为帮助者欣赏者等待成长等待花开。有时候，能静下心的等待与坚持是一种人生的大智慧，很多时候，让子弹飞一会儿又如何？面对成长，让我们等待一会儿又如何？

## 我们的孩子,到底需要一个怎样的人生?

一本小说是否为好小说,我自己的标准是它能否让我产生一口气读完的冲动。鲁引弓老师的新作《小舍得》无疑就是这样一部小说。周六下午,我打开后就没有再放下,一口气读完后发现外面天色已暗。

小说写了几个"小升初"家庭的故事,紧扣社会热点,触碰时代痛点。写得真实,写得准确,写得真诚。小说中的学校、补习机构、各种人物仿佛就在我们身边,或者说我们就是小说中的一部分。

小说中的矛盾冲突是围绕小学毕业生是读公办初中还是考民办初中展开的,但现实其实比小说要更残酷。即便是那些成功靠岸,读了理想初中的孩子,他们抢跑的行动不但没有停止甚至还在加强。国家教育部门为了减轻学生负担,为了实现教育公平,取消了学科竞赛等各项高考加分，为了鼓励学生个性发展、培养创新人才，扩大了高校自主招生权。很多高校在自主招生中，非常重视学科奥赛的获奖学生。所以很多计划走竞赛之路的家长给孩子的规划是：初一学完初中物理，初二学完初中数学，然后开始学高中的内容，高中学高等数学的内容。这样抢跑的现象其实一直都存在，只是原来是少部分孩子，现在则几乎成了全民运动。

关于抢跑的原因，小说中还有一个很有意思的提法——小孩读书的生态系统问题。大家都在抢跑，自己的孩子要不要去适应这个生态系统，这是做家长的最纠结的。大部分家长采取的可能是折中的办法，既不想让孩子成为功课的奴隶，又不想孩子在班上因成绩靠后而缺少自信。

小说中的张雪儿老师说："道理很多人都明白。现在那些好的、理性的视野以及长远的教育观念，比不上这些实用的抢跑的东西。"是啊，正如那句很有名的电影台词"懂得很多道理，却仍然过不好这一生"，更何况是在涉及孩子的教育和成长问题上，没有哪个负责任的父母敢去冒险。

但作为家长，如果真为孩子好，我们还真的需要理性一些。大家要思考一个终极问题：我们的孩子，到底需要一个怎样的人生？

我们还需要问自己几个问题：

每个人的专长是不一样的，那些在奥数路上走不通的孩子怎么办？

即便可以走得通，为了奥数，置其他学科的基础素养于不顾，这样的做法可取吗？

退一步讲，就算孩子的成长是可以规划的，父母怎样的规划才是对孩子幸福人生负责？

还有，读书时的学霸长大后和其他孩子的生活相比，一定更幸福吗？

我们在带着孩子盲目抢跑的时候，会不会已经同初衷渐行渐远？

……

小说结尾，鲁老师没有给出解决问题的方案。因为文学解决不了社会危机，也没办法给社会开药方，作家只能把这个东西写出来，引起社会的关注。社会关注之后，该怎么走，这不再是作家的职责，而是政治家的责任。

中国现在进入了新的历史时期，中国教育也到了从追求量的发展到追求质的发展的关键历史时期。走进改革的深水区，最难啃的骨头来了。在新的历史条件下，国家教育政策的制定者也要反思：我们的教育政策出发点都是好的，但是为什么我们的教育乱象丛生？在教育发展不均衡不充实的历史现实面前，把孩子接受优质教育的选择权交给摇号,这是不是真正负责任的做法?我们的公办教育在追求形式公平的同时是不是也必须开始重视实质公平的问题?我们在解决教育问题的时候,是不是抓住了主要矛盾?有没有从最关键的地方开始突破?

## 在竞争中，我们失去了什么？

为了活跃课堂气氛，在教《伤仲永》一文时，理解文意环节，我采用了小组竞赛的形式。全班分成两组，每位学生可任意找对方组的任何一位组员回答课文词、句的解释，若对方回答不出就要接受背书的惩罚，其实这个惩罚并不是真正的目的，我只是想督促同学们认真背诵课文。

比赛一开始，双方不分上下，各有千秋，渐渐地有同学把袭击的对象瞄向了基础薄弱的同学，一场"恶战"开始了。学生急剧膨胀的求胜心泯灭了正常的求知心。我想制止他们，但好像又没有制止的理由。他们每个人都是平等的，在既定的游戏规则中，每一个人都面临挑战，况且这种挑战对基础薄弱的同学又何尝不是一种促进？

游戏继续进行，几位心惊胆战的学生竟然很幸运地过关了，我也替他们松了一口气。最后一位女同学被对方点到了，她是班上成绩最落后、人缘最不好的一个孩子。她很无奈地站起来，面对对方的问题一脸茫然与无措。班上一些调皮的男孩子已经迫不及待开始倒计时了，这个女孩脸色更窘了。我制止了教室里的喧闹。根据游戏规则，女孩要接受惩罚，明天的语文课她要当众背诵《伤仲永》全文。

第二天的课开始了，女孩在全班注目下，站起来开始了背书，开始背得很流利，我暗暗为她高兴。但第二段开始，她开始出错、开始结巴了，每一次的出错都伴随着刺耳的幸灾乐祸的讥笑声，每一次的停顿都会引来欢呼的鼓掌声。刺耳的笑声、鼓掌声深深刺痛了我，我用最严厉的批评结束了游戏。但在第二天交上来的随想作业中，仍有学生表达了对我生气的不理解，有学生写道：我们生存的社会本来就是一个竞争激烈的世界，不是鱼死就是网破，要想在竞争中取胜就必须用计谋。我们课堂上使用的"问差计"就是要以"反客为主"去获取自己的立足之地。老师您的发火，不觉有些莫名其妙吗？

看了学生很真实很率真的想法，我无语了。自私、冷漠……我从来反对有人用这样的词语去形容这一代孩子，我觉得每一代人都有自己的优点与缺点。而此时此刻，面对学生毫不在意的诘问，我却突然茫然无措起来……面对竞争越来越激烈的社会，人们越来越认识到培养孩子竞争意识和竞争能力的重要性，但却忽视了提高孩子竞争道德水平的教育。在竞争中，也许我们会收获成功与胜利，但我们千万不要失去更为宝贵的同情之心、恻隐之心、宽容之心等闪亮的人性之光啊。

我想问：孩子们，在竞争中，你们到底丢掉了什么？我还想问，在培养孩子的竞争意识过程中，我们大人失去了什么？

## 请帮孩子打开那盏灯

那天下午，我巡堂。走马观花，想直观了解三个年级 36 个班级孩子们的听课状态。一圈走下来，孩子们的听课状态还算满意，当然有极个别的孩子在睡觉、发呆。我最大的发现不是这个，而是有近一半班级的课堂是在昏暗光线下进行的。

这样的教室，日光灯关闭，甚至个别班级的窗帘低垂，投影发出的彩色光线投射在荧光屏上，精彩的课件显得清晰光亮。从走廊望进去，孩子们在不明亮的教室里或仰望屏幕或低头记笔记。也许是老师们进来上课的时候，日光灯就是关闭的，因为毕竟是白天，况且中午还是阳光灿烂的；也许是老师们希望孩子们能更清晰地看到课件上的内容，所以关掉了教室里的灯；也许是班上的学生电教员主动帮老师关掉的……总之，老师们一定没有意识到这有什么不好，正如我以前也没有意识到一样。但自从我成了父亲之后，我对于孩子对于学生各方面的关注似乎细腻了很多也柔软了很多。前一段时间，快 4 岁的儿子因经常看动画片、看书的姿势不对而出现了喜欢挤眼睛的动作，这一动作引起了我和太太的警觉，我们立即采取了一些纠正措施。细微的关注，来自于父母对于孩子最真挚的爱，并且这种爱正逐渐变成了一种习惯。所以，看到学生在昏暗的教室里听课，我第一反应就是，长久这样下去孩子们的视力一定又要下降了。

巡完教学楼，我在学校办公网上给全校的老师发出了这样的温馨提醒：亲爱的同事们，当您走进教室时，如果发现光线不够明亮，请您帮孩子打开日光灯。尤其在投影课件时，更要关注孩子们明亮的眼睛。

这个提醒既是给同事们的，也是给自己的。作为一名教师，我们必须学会细微地关注学生，关注学生的成长、关注学生的变化、关注学生表情的或阴或晴，只有这样我们才能真正走近学生。作为一名教师，我们必须学会时刻站在孩子的角度去思考教育实施教育，只有这样我们才能真正赢得学生。作为一名教师，我们还必须时刻以生为本尊重学生，只有这样我们才能真正激发学生。

想起了那个很有名的教育细节：一所乡村小学好不容易请到了

一位省特级教师来上一节公开课。学校里的老师都没有见识过特级教师，有的对特级教师不以为然，有的认为特级教师是凭关系、熬工龄评上的……特级教师来了，没想到竟是一位年轻美丽的女老师。特级教师说，上课时她将随便走进一间教室上课。谁也没想到，她走进的恰恰是一个全校闻名的后进班。讲台上乱七八糟地散落着粉笔，桌面铺着一层厚厚的粉笔灰。特级教师用目光扫视一周后，迅速收拾好桌上的粉笔，然后走下讲台，绕到前面，背对着学生，面对着黑板，轻轻吹去桌上的粉笔灰。片刻的鸦雀无声后，教室里响起一片掌声，所有观摩教师和学生用掌声给她的"开场白"打了最高分。

大学时读到的这个故事，步入三尺讲台后，自然养成了背对学生吹去粉笔灰的习惯。做了父亲之后，面对儿子内心变得柔软，从而对学生也开始柔软。负责学校管理工作之后，一直和年轻老师讲"教育是一种温暖的等待""要善待每个学生，尤其是晚熟生"，这不是装腔作势的教育口号，而是发自内心的真实想法。

记得《菜根谭》有这样一句话："人品做到极处，无有他奇，只是本然。"教师的本然是什么呢？心中处处装着学生，带给学生成长和生活的快乐，和学生心贴心地息息相关。

所以，请在光线不明亮的时候，帮孩子打开那盏灯！

# 爱之度

立冬那天,广州终于降温了,18℃~23℃。

立马有家长在群里问:"明早的周会,女生怎么着装?"

得到"女生裙装配厚裤袜"的答复后,家长群里炸开了锅:"这么冷的天,女生还要穿裙子,这也太不人性化了!"

看着家长们情绪"沸腾"的发言,我的思绪回到了三年前。

那时儿子还不到3岁,一直由岳母带,晚上自然和岳母睡。

其实,我和妻很想让儿子与我们同榻,只是每次尝试都敌不过他的涕泗横流号啕大哭,只得放弃。很多过来人告诫我们:这样不行,长期如此可能会影响孩子和你们的感情。其实,这些道理我和妻都懂。但在残酷的现实面前,再好的教育理念还是败下阵来。

儿子睡觉很不老实，大概是属于杜老夫子所说的"娇儿恶卧榻里裂"那种类型。孩子姥姥怕娇孙子冻着了，就只好让他穿一件软软的暖暖的小袄睡觉，这样他晚上蹬被子时起码冻不到。而且为了方便夜里给他盖被子，孩子姥姥也穿着棉袄睡。

我觉得这样睡觉实在不科学，也很不舒服。但我也没有妙招，也只好睁只眼闭只眼。

后来因为孩子的姥姥身体不适，儿子晚上必须和我们睡了。在我和妻子一系列讲道理、诱惑哄骗、威胁强迫等种种手段综合作用下，臭小子终于肯和我们同榻而卧了。

考验我们的时刻终于到来了——

知道小孩子睡觉喜欢踢被子，但没见过踢成这样的。入睡后不到五分钟就要给儿子重新盖被子，他不是双手伸出来就是半个身子在外面。妻子最后实在困得受不了了，眼睛不受控制眯了一会儿，然后发现原本和我们平行而卧的儿子已经和我们十字交叉了。这真印证了"一提到理论，群儒头头是道；一说起实战，泰斗裹足不前"这句话。

折腾了一两个晚上，一是害怕儿子受凉感冒，二是我们大人也实在折腾不起。万般无奈之下，我们只好和孩子姥姥一样，睡觉时给儿子上身穿了一件薄的软软的但暖暖的羽绒袄。

旧的新历年快要结束时,广州的冬天才姗姗来迟。元旦过后,冷空气终于南下,南中国的气温骤降。我们睡房里的室温也骤降。我们很担心儿子睡觉不老实受冻感冒,我和妻子几次睡眼蒙眬观察儿子。但奇了怪了,儿子一个晚上都没有踢被子,紧贴着妈妈呼呼睡得好香啊。

第二天回到学校办公室,我很兴奋地和同事聊起儿子神奇的转变。一位儿子已经成年的体育老师接过话说:"丁老师,看来你儿子晚上睡不好主要是怕热。绝大部分孩子晚上踢被子都是因为太热,因为宝宝的神经系统还没发育完善,不能很好地调节体温,要靠出汗来帮助调节。另外宝宝新陈代谢要比成人快,末梢血液循环良好,也是孩子怕热的一个原因。这两天降温,你们没有加盖被子,这样的温度刚好适合他,所以他就不踢被子了。"听完体育老师的话,回想起来确实如此啊,每次儿子入睡后,摸一摸他的腿经常是湿漉漉的。看来,孩子晚上睡不好觉,问题还是出在大人这里。因为担心他受凉感冒,就给他穿得多一点盖得厚一点,结果儿子感觉不舒服,睡觉就不安稳,最终只好蹬掉被子后才能安稳入睡。

看来,爱就像这冬日的被子也要讲究厚薄度的啊。太薄不足以御寒,就如爱之缺失;太厚又使人燥热,就如爱之束缚。过于强烈的爱有时带给对方的不一定是幸福,可能会是一种束缚、一种羁绊,甚至还可能是一种沉重的负担！爱的前提应是给人自由呼吸，只有适度、恰如其分的爱才是更绵长更深远的真爱啊。

这是我很刻骨的一段体验与感悟，从那以后，我学会了给儿子盖薄一点穿少一点，这样他睡得更香了感冒也少了。

看着家长群里的发言，我转发了一则名为"你不知道的世界真相"的微信："在一群孩子当中，一个穿羽绒服的女孩儿显得与众不同。同伴问她，你很冷吗？她的回答是，有一种冷，叫我妈觉得我冷。"

这则笑话让人捧腹之余又感想连连。"不严恐不成器，过严恐生不虞。"这是《红楼梦》中贾元春谈到对于贾宝玉的教育方式时说的话。看来，爱须有度，教育也须适度。

泰戈尔在他的《流萤集》中有这样一句诗："Let my love, like sunlight, surround you and yet give you illumined freedom."意思是：让我的爱像阳光一样包围着你，并给你光辉的灿烂与自由。

孩子们需要的，是适度的爱，适度的教育。

## 从杂草中捡拾珍珠

孩子的潜能需要我们的赏识,也需要我们的激发。比如他们的表达潜能。曾经我一直头痛学生的作文,交上来的文字或语言无味或面目可憎。

那天,我又坐在办公桌旁一本本批阅孩子们的随想作业,并试图找出一篇值得推荐的文章。作业几乎批完了,却还没找到我想要的。最后一本作业是一位语文成绩很不理想的孩子的,他的随想经常被评为B,有时甚至是C。这次的随想依然不太理想,按照时间顺序记录了国庆期间爸爸和他骑单车游广州的过程,有点像流水账,并且有些语句还不通顺,深刻立意更谈不上。但在阅读中,我发现有一段相对比较突出,他写道:"接着,我们来到了二沙岛,沿着江边骑着单车,江风一阵一阵地吹来,中间还有一点点水汽,让人感到非常清爽,如同站在瀑布前,那水珠一个劲地飘到你的脸上、手背上。可是江水就不那么干净了,看上去灰灰的,让人感到有一种失落,我想只有黑夜才能帮它遮住那灰色吧。"

上课铃响了,我拿着这本作业走进了教室,将上述段落读给学生听,很多学生都觉得写得真好。我对这几句话作了简单的赏析:小作者吹着江风,他的感受是非常清爽。如果仅此而已,语言就太苍白了。所以作者对清爽的感觉具体化了,将之比作站在瀑布前的感受,然后再进行细化,"水珠一个劲地飘到你的脸上、手背上",水珠似乎了有了意识和情感。多好的描写句啊。小作者在享受大自然馈赠的同时,并不是没有遗憾的,如果江水能有瀑布那样清澈该多好。现实却是残酷的,灰灰的江水让作者失落了,并且还去想象"只有黑夜才能帮它遮住那灰色吧"。这里不也体现了作者关注环境的思想吗?

我讲完了,全班的孩子都为作者鼓掌。我自己也觉得这孩子写得真的很好,而这种感觉是刚刚产生的。在此之前,我从未觉得这个男孩在写作上有什么希望。很遗憾,当时我竟没有去观察一下这个学生的表情,但我想应该是又羞涩又自豪吧。

惊喜还在后头。第三天的随想,他写了一篇题为《秋》的短文,他写到了校园里的树,他说:光秃秃的树木在晚上也不会太丑,灯会帮助它的。多么有诗意的句子,多么有诗意的孩子。

每个孩子都是一盏神灯,需要我们去点亮。

## 一节跑题的语文课

上周四,我上了一节严重跑题并且没有结果的语文课。

周四,语文课是连堂的。我上完第四节后,课间回了趟办公室,伴着第五节课的铃声我走进了教室。原本关上的屏幕,赫然开着,上面还投影着物理的题目。学校要求除了班级的电教员,学生是不允许动电教设备的。肯定是课间某个调皮鬼私自动了电脑。也许是常年做德育工作的习惯使然,我问全班:"课间,谁动了电脑?"问的时候,我很平静甚至有些不太在意。因为,我觉得这原本就是一件很小的事情,不就是某个好动的孩子有意无意为之的调皮行为吗?之所以问,真的只是习惯使然。

但我没想到是,我问完后课室里竟然一片寂静。我又问了一遍,还是一片沉寂。我感觉不太妙了，调皮是小事，但拒绝承认自己的行为就不是一件小事了。我对学生说：课间没经允许开了电教设备当然不对，但老师并不认为是件很严重的错误，可是不敢勇敢面对自己的行为就不好了。谁开了投影，现在可以站起来吗？我等了一会，还是一片沉寂。我又问：哪位同学看到是谁开的吗？同学们都说没看见。我只好一个一个问他们。一直问到最后一个孩子，每个人都竭尽所能证明自己的清白。调查结束了，依然没有任何结论。

学生们看着我，我看着学生。

沉默了一会，我说：孩子们，今天我们上了一节跑题的并且没有结果的语文课。在这节课上，在座的各位都面临着一次心灵的选择，并且都做出了自己的选择，当然选择的结果是有些遗憾的。电教设备不可能是自己打开的，也不可能是其他班的同学进来打开的。肯定是我们班某个同学的行为，并且肯定有同学看到了。但我们选择了集体的沉默与逃避。其实，如果我们能大方地站起来说是我干的，那么你收获的不仅有勇气还有大家的掌声。但遗憾的是，我们的同学选择了怯懦与逃避。动过电教设备的同学现在也许收获的是面子或者是免于批评，但总有一天会为自己今天的行为感到羞愧的。

周末，我布置的语文作业是写一篇随想。周一回来，打开了孩子们的作业，竟然有好几个孩子写到了这节跑题并且没有结果的语文课。有个孩子写道:"人生道路上,还有无数的类似的选择,也许选择面对自己的过错,很多危机便会迎刃而解,但假若选择沉默与逃避,危机将重现,转机将消失,人生将陷入低谷。自欺欺人,注定要失败的。那位肇事者选择了沉默,那么你呢?"另一个孩子写道:"老师的意图不过想让我们有勇气去承担责任,牺牲小我的面子去扶持道义的本性。大道理我们都懂,但真正能做到的人有多少呢?权衡利益后还会有多少人坚持'义'呢?如果有一天我也犯了这样的过错,我一定要在第一时间承认,免得节外生枝让心里的正义逃走。面对过失也许要承担相应的责任或惩罚,以前,我可能也会逃避,但这节语文课后,我会说,我愿受罚。"

这节跑题的语文课很有意义。正如学生的随想题目所言"这节语文不上课",但所上的内容足够我和学生用一生来学习。

## 陪你一起跑

清寒的夜色里，跑道上的我气喘如牛。

身后是我的十八位学生。前方终点处是为我们打气的另一群学生。

我们不是在进行体育比赛，而是在兑现一个惩罚。

这事得从本学期班级成立的"语文学习共同体"说起。为了进一步调动孩子们语文学习的主动性积极性，在我的倡议下，班上成立了语文学习共同体。三十六个孩子，分成四组，每组九人由一位课代表带领。每位课代表负责组内作业的收缴检查，组内成员在语文学习方面互帮互助。在背书、语文活动、单元测验等方面，组和组之间进行PK。PK结果通过"学神争霸"榜进行公示，胜利组有奖、落后组认罚。

第一场PK的结果公布：第二组获胜，一、四组落败。获胜组的成员兴高采烈获得了加分的奖励，落败组的成员唉声叹气地要接受惩罚。周四晚修结束后绕田径场四圈一千六百米的罚跑令甫一宣布，便引起了落败组女生装模作样惊悚的惨叫和敢怒不敢言的哀叹。

接下来的几天，不时有小女生来我这儿有意无意地试探：

"丁老师，真的要跑四圈吗？"

"每个人都要跑吗？"

"我能不能不跑啊？"

……

得到的回答当然是令他们失望的。但我会陪他们一起跑的最新决定一宣布，落败组孩子哀叹的情绪慢慢变成了充满期待，并且这种期待慢慢蔓延到班上大部分孩子的脸上和心里。

周四如约而至，课间，中午，走廊里，校道上的探询变成了：

"老师，什么时候跑啊？"

"老师，你真的会和我们一起跑吗？"

……

晚修的最后一节，我穿着运动装运动鞋走进了教室，引起了一阵小骚乱。当然在我"威严眼神"的镇压下骚乱很快就平静下来，他们继续写他们永远写不完的作业。

漫长悠扬的放学音乐铃声终于响起,期待已久的惩罚就要兑现。按我的要求,一、四组的课代表组织小组成员到教室外面集队。

获胜组的部分成员却围在我身边:"老师,我们也跟着去跑,可以吗?"还有人找理由:"我们宿舍的都要去跑,我没钥匙,进不了门,我可以陪他们跑吗?"

我故意斩钉截铁地说:"不可以!你们没有这个资格啊!"

"那我们去围观!"

"我们自己去跑!"

他们叽叽喳喳地嚷嚷。

排着队下楼的时候,穿过校园走向操场的时候,在其他班其他年级同学异样、疑惑的目光里,我却感觉到了受罚的十八个孩子以及簇拥着他们的获胜组同学一脸的荣耀,他们恨不得告诉全世界——我们的老师要陪我们一起跑步啊!

在不知是月光还是校道灯光的映照下,在乍暖还寒的清凉夜色中,我们的一千六百米长跑开始了。我跑在最前面,两列队伍跟在后面,旁边还有来凑热闹的获胜组的同学。在我的气喘吁吁中,他们一路欢声笑语。也许是我融入了他们的队伍吧,也许是我走下了高高的讲台吧,也许是他们觉得我跑得不如他们快吧,他们竟然敢拿我打趣了:"老师,你不行了吧?"

"我有那么老吗?"

"是啊,丁老师才三十六,一点也不老。"孩子们不知道从哪里知道了我的年龄,还牢牢记在了心里。

"小丁老师怎么可能不行!"上午香港来的林小萍老师给他们上公开课时对我的称呼,也被他们肆无忌惮地借用了。

一路喧腾。一路欢声笑语。

最后一圈,好久没运动的我感觉有些吃力了,呼气吸气觉得有些困难了,身边那些矫健青春的身姿却要发起最后的冲刺,把我越甩越远。先前跟着瞎跑的孩子早已在终点处等待着,到达终点的那一刻,掌声和欢呼声响起!

原来快乐的惩罚可以这么美!

原来和谐的教育可以这么美!

## 当暴戾遇到宽容

### 一

星期天晚上发生的那件事，我是周三的上午才知道的。

烈老师在晚自习时当着全班学生的面，打了小华一个耳光。起因很简单，小华自习课无所事事且坐姿不正，面对烈老师的指令纹丝不动，据说还眼带挑衅之气。盛怒与冲动之下，烈老师先是拉桌子，接着是揪衣领子，最后是扇耳光子。冲动真的是魔鬼，烈老师以为学生好的名义伤害了学生，他的行为已经突破了一位教师职业道德的底线。

我知道棘手的问题来了，几年前有一位同事也因为类似的冲动举动受到了惩罚：学生心灵受到伤害，家长不依不饶，最后老师被辞退学生被转学。

现在更棘手的是年级组在事情发生后处理不及时，只是做了小华的安抚工作，一直到现在还没通知家长，而班级家长QQ群里早就为此事炸开了锅。

静下心来思考后，我做出了以下安排：第一，烈老师要真诚地向小华道歉，争取小华的原谅；第二，烈老师自习课时到班上勇敢承认自己行为的错误，告诉学生无论谁犯错了都要勇敢承认并敢于担责；第三，班主任老师在家长群里公布事件处理进展情况，明确学校绝不袒护老师的态度；第四，我代表学校打电话给家长道歉，告知学校初步处理意见，并请家长到校看望孩子且和老师面谈。

电话里的家长一开始很愤怒，不能接受自己儿子被老师打的现实。是啊，换作谁能接受呢？在我一再致歉下，家长的情绪最终平复下来，约好第二天到校了解孩子状态，再谈后续事宜。

很庆幸，在周四的座谈会上，烈老师和我遇到的是豁达宽容的学生和通情达理的家长。小华选择了原谅老师并答应以后可以和烈老师继续做朋友，家长接受了老师的道歉并希望学校再给年轻老师一个机会。

看看满怀愧疚之情的烈老师和活泼可爱的小华的手又紧紧握在

了一起，看着小华脸上重新浮起的笑容，我感受到了宽容的大智慧：既成全了他人又成全了自己。

此次危机事件虽然得到了完美的解决，但作为分管德育的副校长，我却不能原谅自己！虽然我多次和老师们强调"教育是一种温暖的等待""教育是爱的艺术"，但有时看到老师用过火的语言训斥学生时我不也充耳不闻吗，有时看到个别老师把学生赶出教室我不也视而不见吗……

我再也不能容忍自己的学校里还有这样的教育行为存在，我想我应该做点什么。

## 二

当天下午是全校教职工大会，走进学校大会议室，看到老师们已基本到齐，和中国的很多会场一样，老师们是习惯坐后面的，尤其是初二年级前面有一半的位置是空的。

一向温文尔雅的我突然发飙了："强调过多少次了？开会时不要坐在后面。后面的老师请往前面坐！快点！"望着突然暴怒的我，老师们一脸惊愕还没反应过来。我指着初二级最前面的还没有开始动的丹老师和飞老师吼道："快点！难道还要我请你们吗？"在我的吼声中,老师们慌乱地尴尬地往前挪。

大家坐定后,我听到了挪到第一排的丹老师的啜泣声和后排同事为她递纸巾的窸窣声。我开始讲话了:"老师们,在我没有和任何人沟通的情况下,刚才我模拟了一个教育的场景,我演了发怒的教师,你们被迫充当了挨骂的学生。我首先向大家致歉,尤其是被我呵斥的丹老师和飞老师。你们肯定不能接受我刚才的言语方式,因为我缺少了对大家的尊重。"接着,我解释了我这样做的原因,不点名地向老师们通报了刚刚处理完的危机事件,并现身说法讲述了我7年前因严厉责骂学生而导致学生不愿回校的惨痛教训,以及事后我的后怕,还有我对教育痛彻心扉的感悟:理解与尊重是教育的起点与核心;教育应该是和风细雨,润物无声的;教育应该是充满宽容与等待的;教育者应该有一颗慈悲之心,帮孩子拔去心灵之苦痛;对孩子负责,但千万不要和孩子较真、较劲……

我讲得很动情,老师们也听得很认真。但我注意到坐在第一排穿着红色衣服的丹老师一直在抹眼泪……我意识到:我在众目睽睽之下让丹老师和飞老师难堪了,刚才我也犯了和烈老师一样的错误——以为别人好的名义伤害了别人。我在教育引导老师们要学会理解与尊重学生的同时,却忽略了尊重他们。

我的心忽地变得很重很重。

会议结束了,我给丹老师打了一个电话,再次向她进行了解释和道歉。结束通话后,我心里一直在想:她会原谅我这无意的冒犯吗?我该怎样做才能弥补自认为聪明的做法给她带来的伤害呢?事先怎么就没考虑过这样做的后果呢?……

晚上,估计丹老师情绪应该稳定下来的时候,我又给她发了一条短信:丹老师,你原本很快乐的心情就这样被我破坏了,想想真是罪过。我愈发讨厌这样的自己,所以更加要提醒自己好好修炼!忏悔中!

这是我的肺腑之言,我真的很内疚。

在漫长的等待与煎熬中,终于收到了丹老师原谅我的短信:您想多了,我只是比较孩子气,比较容易哭鼻子,不用在意喔。

我一直提着的心在这一瞬间似乎落地了,如铅的沉重变得舒缓轻盈:原来被人原谅是件这么幸福的事情。

这是一天之内发生的关于宽容与谅解的两件事,都事关成全与幸福。真的,很多时候,宽容与谅解引起的道德震动,比惩罚更强烈。

**《倪隽哭了》写作缘起：**

　　语文课上，一次假意的惩罚，一个随意的游戏，却触碰了语文学霸倪隽敏感自尊又脆弱的内心。她在语文课上当众哭了，并且听说她的哭一直延续到了下一节的体育课。倪隽之哭对我的心灵冲击正如我的课堂惩罚对倪隽的心灵冲击，都是巨大而复杂的。在事后和倪隽的沟通过程中，我们都认识到课堂这一突发事件极具写作价值，于是我们约定围绕同一事件，师生进行同题作文写作，从各自的角度来书写自己的认识和感悟。

## 倪隽哭了（师生同题）

　　倪隽哭了。

　　并且是在语文课上，并且是被我——她的语文老师骂哭的。

　　一个学生在课堂上被老师骂哭，虽不常见，但也不少见，这有什么好奇怪的？

问题的关键是，你知道倪隽是谁吗？

倪隽是这个年级语文成绩最好的，没有之一。虽然她不是每次都考第一，但她每次都在前三。相比那些昙花一现偶然得第一的学生而言，她的最好当然是没有之一的。

记得上学期，我要去外面上公开课，课又调不开，两难之下，我决定让倪隽替我上第二天的语文。我把那一课的重难点和她沟通了一下，晚上让她回去备课。我在外面边上公开课边担心倪老师吼不住课堂——这个班的学生个个都觉得自己很牛，还有那几个唯恐天下不乱上蹿下跳的猴子。可我回来后，学生们告诉我：倪老师的课上得真好，条理清晰、重难点突出，关键是不像丁老师那么凶神恶煞的，举手发言的不知是平时的多少倍。再后来，我还得知，在学校跟岗学习的几位外校老师当天慕名来听我的课，结果走进教室，发现是一个小姑娘在讲课，更为关键的是听课老师被这个小姑娘的课牢牢吸引住了，一直听到了下课铃声响起。

我还记得，有时候上习题讲评课，我累的时候，直接一个手势，倪隽就站在讲台前给同学们讲答案，因为倪隽的答案就是标准答案。

我还记得，倪隽的作文经常是作为范文在班上被我宣读的，或者是印发全年级的。

这样的倪隽，怎么会在语文课上被语文老师骂哭呢？

这事得回到那天，慢慢说。

那节课的内容是检查学生前一个晚上对文言读本的落实情况。也许是为了让课堂更好玩，也许是为了让学生更重视，也许是我头脑出了问题，也许没有原因，总之，那天我宣布了一个很奇葩的规定：谁回答不出来，就做二十个俯卧撑。检查开始了，首先卡壳的是几个男生，他们就在教室前面和后面的空地上，笑嘻嘻地动作极不标准地做着俯卧撑，教室里流动着快活的空气。因为学生都知道，我从来不是真的惩罚他们，罚站总是不到五秒，我的口头禅是："其实，我是个内心很柔软的人。"

轮到倪隽了，我问的问题是：请分别概括出《木兰诗》详写与略写的内容，并回答为什么这样安排？倪隽毫无迟疑，答案脱口而出，并且和读本上的一模一样："……这样安排能集中表现人物的性格，突出中心。"同学们的掌声和赞叹声已经响起来了，倪隽脸带轻快之色，正准备坐下。我突然说："这道题的答案有问题，切记答题不能语焉不详，不能只会套名词术语，要答出表现了木兰什么性格，突出了文章什么中心？按你的理解重新回答这个问题。"突如其来的问题，让倪隽一下子有点蒙了。她的回答有些断断续续，并不完美。

"作为一名语文学霸，你怎么能去死记硬背呢？一点变通都不会，两年后怎么冲刺全省尖子班？去做五个俯卧撑。"我的语气严厉且毋庸置疑。

倪隽红着脸，走到前面很认真地做了五个标准的俯卧撑，又走回座位。课堂的检查正常进行，但我发现回到座位的倪隽把头低得很低很低。再过了一会儿，我发现倪隽的眼睛变得很红很红，虽然没有抽噎声，但我听到她周围的同学在小声地说："倪隽哭了……"

瞬间，我的内心五味杂陈。"倪隽怎么能哭呢？她不是一直很强大的吗？她难道不知道我很器重她吗？她难道不知道我让她做的只是一个游戏……"

课间的时候，倪隽和我迎面走过，再也不是温暖的问好，而是低着头贴着墙壁与我擦肩而过。

听学生说，语文课后的体育课，倪隽还在哭。

我知道，我今天那个莫名其妙的游戏规则伤到了她。

一向被表扬的她，怎么能接受这突如其来的惩罚呢？况且惩罚的理由是那么不讲道理。

一向优秀的她，怎么能接受自己不完美的回答呢？况且都不给她一秒钟思考的时间。

一向志存高远的她，怎么能接受自己只会死记硬背呢？但她是很努力地按照老师的要求去做的啊。

……

还有，如果学生和我较真，我今天的惩罚是不是体罚呢？

还有，我不是一直追求智慧、快乐、和谐的语文课堂吗？

还有，我不是一直提倡要俯下身子，用孩子的视角去看世界吗？

……

内心的反思还有很多很多。

倪隽哭了，她的哭如振铎之声，给了我教育的警觉与审慎：面对孩子，教育的一言一行容不得丝毫的傲慢与随意。

幸好，当天下午放学，倪隽来找我了，找我面评课外阅读的习题。虽然她的眼睛还是红红的，但她爽快地答应了和我一起写同题作文《倪隽哭了》。

被孩子宽容的感觉，真好！

附学生作品：

### 倪隽哭了

倪隽

### 1

五月就要来了，淡薄却密不透风的暑气蒸腾着翻滚着，吹鼓着学校里因期中考而引发的躁动。课前读书成了反复朗诵"唧唧复唧唧"，还没有开空调的课室里有人嬉笑打闹，躁动不安，那声音仿若某种正在炎热潮湿的雨林气候下急速生长的巨型热带植物。

课室内的浮躁让我十分不安，指尖掐着成绩很差的模拟卷，觉得自己简直要窒息在这沉闷的气氛里了。慢吞吞地，我拖出语文书，也拖着微微沙哑的嗓音开始读那些诗句。旁边的同学用课本虚掩着脸说笑，顿时我感觉到了一种筋疲力尽，一种不知道为什么而起的难过。

2

语文课。

此起彼伏的"唧唧复唧唧"随着微微滑稽的铃声响着，闹着。丁老师来得很早，站在那里，扶扶眼镜，端详一下我们又低下头去整理资料。所有人都跟平时一样，有人认真有人懒散，仿佛浑然不觉期中考的逼近。

丁老师说这节课要抽查《木兰诗》一课的读本，答不出来的罚做俯卧撑。

全班很静。我无意识地应了一声，哦。明明全部资料都已经在脑海里了，却总是莫名其妙地害怕。这是从小学遗留下来的习惯，那时我是一个对学习很怠懒的女孩。孔同学第一个没过关，我咬了咬唇，看他真的走上前去做俯卧撑，忽然有一点点心里发冷。他始终微微笑着，不是那种顽劣的笑而是一种始终挂在脸上的微笑，并没有什么不悦之色。答对问题的自然是喜滋滋地坐下。

到我了。听到题目我愣了一下,紧接着熟练地背了一遍,心想,也不过如此。

可丁老师居然说,让我不要背,用自己的理解说。我知道自己慢慢地已经对理解类的题型麻木了,所以发下练习纸时第一个念头就是背。赶紧把它背熟了,就不用考试时胡乱搪塞了。于是我回答得结结巴巴的,而且也没结巴出个所以然。

于是我迎着全班同学诧异的目光走出来了。

做完五个俯卧撑回到座位上,我才发现,其实我是那么的想哭啊。以前别人说学霸太信仰 1+1=2 的完美公式,种瓜得瓜种豆得豆,我现在信了。我不明白为什么我付出了努力,却没换来别人的尊重。

当个普通人,不就好了吗……不要当学霸了,像你从前那样,当一个快乐的疯狂的什么都不管不顾的甚至肆意妄为的女孩不就好了吗!心里的声音越来越大,仿佛洪流的悲鸣。我不想再"强大"下去了,因为我本就脆弱。

我哭了。泪水折射的世界模糊一片。

我低着头。王未一直在叫我的名字,我知道,可是不敢理会。同桌说,不要哭了,这样一点都不好玩,我也没有理会他。有人给我递纸巾,我却连一句谢谢都说不出来。

体育课我想找个角落大哭一场,可是无处藏身。我记得小学有很多地方给我藏起来慢慢哭,可是这里没有……什么都没有。

## 3

不记得在哪本小说里面读过,优秀的人患得患失,习惯于种瓜得瓜种豆得豆的安逸生活,当遇上了付出与得到不画等号的状况便格外委屈。我不知道这是不是我痛哭的理由,我更不知道接下来该怎么走,是像小学一样过着蝴蝶轻飘飘拍着翅膀的生活,还是继续沿着"优秀"走下去?混乱的选择连带着一片狼藉的期中考横在我面前,我不知道如何,也没有勇气一点一点把它们拾起摆放整齐。

还好,夏天很快来了。

暑假开始以后,我才慢慢地把这个问题想清楚。因为疯狂地去追逐,所以忘记了最初的兴趣,忘记了那份玩玩学学的好奇心,像一只过早苍老的猫一样麻木而不知所措。夏天的热风贴在脸上黏糊糊的,却又有一种说不出的畅快。沙沙的树叶摇动声混杂着蝉鸣的嘈杂,烈日灼灼中行人匆匆。这是我最喜欢的季节,无论晴雨,一样果断爽快。

大雨后的夏日苍穹蓝得让人心醉;也许这一场哭泣与随之而来的低谷之后,我会学会去看看这条路上独有的精致风景吧。

人充满劳绩,但还诗意地栖居在大地上。
　　　　　　　　　　——荷尔德林

　　我想没有谁比语文老师,更需要诗意地生活着,因为语文本来就是具有诗意和美感的,教育本来就应具有滋养人性的功能。

　　我不是诗人和作家,但我无法面对没有文字的生活。因为写作让我平白的生命变得多彩,让我粗糙的生活变得精致,让我庸常的日子充满诗意。

　　我真正意义上的写作,是从2010年的一节作文课开始的,我和班上的孩子们一起去观察教学楼下的两棵鸡蛋花树,然后一起交流怎么写,最后进行共同写作并投稿成功。

　　从那节课开始,写作渐渐成了我的生活常态,并且使我实现了突变式的成长。在写作中安顿自己不断奔突的灵魂,让自己变得更具清醒、更具张力,也更有希望。

　　也正是从那时起,"师生共写"成了我作文教学的一个常态,直接用老师和学生的写作实践,帮助孩子们形成正确的写作认识、激发学生的写作兴趣、揭示写作思维过程、教授学生写作方法……在这个过程中,我和学生一起成长。

　　也许,这就是教师写作的意义,不仅滋养自己,还启迪他人。

辑三
——诗意栖居 我写故我在

《绽放的生命》写作缘起：

这是一节题为《观察·联想想象·感悟》的作文课，我们的观察对象是教学楼一楼两棵鸡蛋花树，一棵枝繁叶茂、繁花满枝，一棵干枯光秃、看似奄奄一息。

在明确本节课的学习任务后，教师带着学生到一楼去观察那两棵鸡蛋花树，引导学生观察花叶的形状、颜色、质感，观察树干树枝的形状、色彩，除了用眼睛看，还可以用手去触摸，用鼻子去嗅。在引导学生观察的过程中，还顺势指导学生如何描述观察的对象，比如选用什么词来描述会更形象更准确，观察对象的外在特征是否能引起你的联想和想象，如果有联想和想象，可以以此写出自己的比喻句吗……

回到教室，师生共同进行头脑风暴，交流由自己的观察而引发的联想、想象和感悟，然后每人确定自己的立意和写作角度，师生共同写作。写作完成后，在班级进行交流展示，师生相互评价，共同借鉴。在展示交流的基础上，根据大家的建议，教师和学生课后进行修改，并挑选优秀作品组织投稿。

## 绽放的生命（师生同题）

去年，办公室门口移植来了两棵鸡蛋花树。

南国春来早，二月底的校园已如阳春三月，嘉树吐新绿，娇花绽初蕊，一派春意融融的气象。门口的这两棵鸡蛋花树一棵新芽吐绿，但另一棵却沉睡未萌。

岭南的春天来得早也去得早，一眨眼的工夫天气就热得要命，夏天迫不及待地就冲进了春天里。校园的各种植物经过半年的积蓄，早就酿成了磅磅礴礴之势，在每个角落疯长。那棵早已吐绿的鸡蛋花树枝叶更加繁茂，遒劲的枝干灰中泛青，阔大的叶片肥厚发亮。可另一棵依然光秃秃的，不仅没有一片叶芽，而且枝干发皱变黑。还有几枝的末端已成空壳，就像一堆干瘪变形木乃伊上的那一双双黑暗而空空的眼洞。"可惜,就这样死掉了。"我和同事们都颇为它惋惜。

过了几天,那棵繁茂的鸡蛋花树开花了,刚开始只是零星的几朵,不到一周就满树繁花了。花朵由五瓣摸起来肥厚有质感的花瓣组成,每个花瓣从花边部分到花蕊部分由乳白色逐渐过渡到黄色,越到花蕊深处黄色越浓,就像今年颇流行的渐变色的裙裾,很淡雅很清新。每次路过,远远地就闻到了很清雅的花香。捡起树下飘落的花朵,放到鼻尖一嗅,香味中还带着一股清甜。经过风雨的洗礼,树下草坪上落满了鸡蛋花,但树上新的花蕾又接着绽放。学校后勤组的几位阿姨每天都拎着塑料袋来拣拾落花,原来鸡蛋花是可以用来煲汤的,据说有清热解暑的功效。办公室的同事们越来越觉得,门口有这样一棵鸡蛋花树真是一件庆幸的事。

那棵看起来已死的鸡蛋花树似乎被我们遗忘了,作为死掉的朽木只能等待园林工人的砍伐与焚毁。

又是一场豪雨后的早晨,我从宿舍往办公室走去,远远地我竟然看到那棵"枯死"的鸡蛋花树的顶端泛着白光,白中还隐隐透着一些粉红。我想:"莫非是哪个爱美之人给这棵死亡之树插上了一些假花?"我快步走了上去,隐隐嗅到了花的香甜之味。走到树前,我简直不敢相信自己的眼睛,这棵已经被我们判了死刑的鸡蛋花树,竟然在枝头绽满了花蕊。枝干似乎更加皱巴没有活力，枝干上依然没有一片叶芽，但除了已经空洞的几枝外，都绽放着美丽的花朵。我更加近距离地欣赏着枝头的花朵，依然是五个花瓣紧紧簇拥在一起，但花型普遍比旁边的那棵要小，花色整体上还是由白色渐变为黄色，但在花蕊中却向外隐隐约约浸润着淡淡的粉红。这些花朵站立在光秃秃的枝干的顶端，在风中轻轻地舞动，没有瘦骨伶仃的悲惨，反而有一种傲立枝头的风骨。

　　这棵看似奄奄一息的树在经历了入夏后的不知几番风雨后，在欣赏了同伴不知几轮的花开花落后，竟然也绽放出了自己生命的光华。望着干瘪甚至丑陋的枝干，我的心突然有一种锥心的疼痛，这株艰难的生命除了用力吮吸来自土壤的营养外，恐怕把自己枝干中的血液也输送给了枝头的花朵了吧？否则花朵之中怎会有血丝样的红色？这是怎样伟大的一种生命！为了那一刻生命的绽放，它可以默默忍受生命的煎熬与苦痛，用尽全身之力去积蓄能量。我不由得想起了另外一种弱小的生命——蝉，在地下默默等待十七年，只为了等待一个夏天。这就是生命的意义，不管多少天都要好好地活过。

　　生命确实不仅是有长度的，还是有厚度的。面对着这棵鸡蛋花树，我不觉加快了自己前进的脚步，我没有理由不去增加自己生命的厚度。

附学生习作:

## 绽放的生命

初一(8)班 徐烨文

教学楼一楼有两棵开花的树。在万物复苏的春天过后盛夏来临之际,白里透黄的鸡蛋花开在树上,一左一右,一盛一衰。

右边那棵外形奇特,在群木中显得格外惹眼。除了几朵看起来发育不良的黄白小花有气无力地零散在枝头,整棵树的其他部分竟都是光秃一片,树干树枝干瘪枯黄就似脱水的病人在做最后的垂死挣扎。摇摇欲晃的身躯让人不由担心一场暴风雨就能将其连根拔起。

而左边与它相望的那棵树则迥乎不同了。同为一种树,同在一时,同在一地,左边这棵却显得异常骄傲神气。它的躯干直挺而上,树枝强健有力地伸向四方。茂密硕大的叶子拥挤在一起,一簇簇洁白娇艳的花朵傲立枝头。郁郁葱葱、繁花似锦,颇有"病树前头万木春"之势。

吸引我的并不是这棵虽茂盛却平常的树,而是那棵可怜的陪衬者。我凝望着那棵生命将要殆尽的树儿,心中无限怜惜。它这痛苦的一生应该从未感受过枝叶遒劲的力量和繁花满枝的喜悦吧。同为一种树,它必须看着眼前的繁华而感受自身的衰败,世间最大的痛苦莫过于此吧。

我抚摸着它粗糙干软的枝干,无奈叹息。蓦地,心中翻涌起万千浪涛,在树枝光秃秃的尽头,些许紫红色细密微小的嫩芽赫然探出了头,与一旁的白花相映生辉,共同在毫无生气的树干上绽放出了生命的光辉。我喜出望外,惊喜地寻找着,最后竟在许多干枯的枝头发现了这些细小的生命之芽。它们在努力地生长着,那交织在一起的嫩芽仿佛被注入了坚强的力量,在一片荒芜中等待奇迹的发生。

　　我屏息望着它们,突然我想到了世间的其他一些生命,渺小的、伟大的……不管是怎样的一种生命,它们都以自己的方式活在这个世界上,都以自己的方式创造着一个个生命的奇迹。火海抱团逃生的蚂蚁,石缝中顽强生长的小草,悬崖上挺入云霄的青松,寒冬中迎风而立的梅花,还有面前这棵绝处逢生的枯树。它们对生命的执着追求和对生活的乐观坚强,不得不使我敬畏生命。

　　对着这棵仅有孱花与嫩芽的枯树,我深深地鞠了一躬,感谢它给我生命的启迪。

**《两棵开花的树》写作缘起：**

校道上种着两棵异木棉树，一棵在北，一棵在南。每年冬季，便开出一树云蒸霞蔚般的灿烂。在临近期末的一个中午，我散步于静谧安详的校园，看到盛放的异木棉花开始凋零，"当满树繁花开始凋零的时候，我突然想写写校道旁那两棵开花的树"，这个句子突然从脑子里冒出来。但到底接下来要写什么，我并不清晰，但想写下去的欲望十分强烈。

在思考如何往下写的同时，我又想：这两棵树立在师生每日必经的路旁，这是我和学生共同的生活，他们留意过这两棵开花的树吗？面对这两棵冬日里开花的树，他们有写作的冲动吗？他们会写出怎样的认识和思考？

于是我和学生约定围绕这两棵异木棉树，以"当满树繁花开始凋零的时候，我突然想写写校道旁那两棵开花的树"为文章开头，师生进行续写，题目自拟，从各自的角度来书写自己的认识和感悟。

## 两棵开花的树（师生同题）

当满树繁花开始凋零的时候，我突然想写写校道旁那两棵开花的树。

两棵树高高地立在师生每日必经的路旁，一棵在北，一棵在南。北边这棵造型奇特，粗壮的树干底部好似一个中年男子鼓鼓囊囊的肚子，又像日本人装清酒的酒瓶，但瓶口是朝下的。从倒立的酒瓶瓶底处开始，分成两枝后噌噌地往上长。因为主干矮粗，远远看去整个树干像极了大写的英文字母"V"。南边那棵，也分成两枝，但因主干高瘦些，所以远看像一个大写的"Y"，更符合一棵正常的树的样子。

从生物老师那里得知这两棵树叫"大腹美丽异木棉"，俗称美人树。北边那棵倒真是大腹便便的模样,可与美人有什么关系呢?别急,这是不开花时的样子,一开花可就两样了。每年的十一月中旬左右,这棵大腹树高高的枝条上最先冒出一个个青色的圆形花苞,极像小青果,然后绿叶开始掉落。等树叶差不多掉光后,似乎是一夜之间,那密密麻麻的小青果全部炸裂,呼啦啦全绽放成了密密匝匝的耀眼灿烂的花。青色如铜铃的花托里伸展出五片纤长稍稍翻卷的花瓣,花瓣粉如胭脂,向基部渐变为金黄或白色,在阳光下一簇簇相拥绽放,把整棵树装扮成了披着云霞的仙女。这冬日里开花的树,一下子点亮了整个校园。

学校所在的这个园子曾是广东贡院的一部分,雕梁画栋的古迹虽已荡然无存,但园子里一两百年的古树名木倒很常见,一年四季都是郁郁葱葱的。无论什么季节,从外面的滚滚洪流中踏进这个园子,满眼的翠绿,满身的清爽,甚至还有满耳的鸟鸣。这一年四季的绿啊,固然养眼涤心,但时间久了,确也有些单调。所以,每年一入冬,在满园墨绿色中立着的这棵盛放的绚烂花树,勾起了多少人内心关于唯美、浪漫、梦幻的想象。

每天早归的学生,晨扫庭院时,也忍不住拄帚而立,凝视这晨光中风华绝代的一树粉艳,然后开启诗与远方的遐想。

陪伴学生晨读的老师,也忍不住对着窗外浓绿中的那一枝枝粉色微笑，不用任何的言语，便觉得一切都那么美好。

午间散步的老师们，更是纷纷拿出手机拍照，然后在朋友圈里晒这个校园的各种美好。

因为关注，大家很快发现了两棵树的不同，北边大腹的满树繁花，南边清瘦的绿叶满枝。于是在赞叹辉煌灿烂的同时，自然也有了质疑与抱怨：同时移栽而来，同一品种，南边的那棵异木棉怎么迟迟不开花啊？站在如此美的同伴旁边，怎么看都觉得它灰头土脸的……

是啊，为什么南边的那棵不开花呢？是它不够努力吗？我也在寻思。还是生物老师告诉了我答案：北边的那棵三面无遮挡，从早上就开始接受冬日暖阳，一直到下午。南边的那棵刚好位于教学楼和办公楼的夹角处，只有中午能短暂享受一下阳光的抚慰。原来是位置的不同，导致了这两棵树的不同，一棵花期绵长，一棵花期短暂，一棵花密色艳，一棵花疏色浅。

果然，两周后，南边清瘦的树开始开花了。也果然，一个月后，北边那棵仍繁花满枝时，南边那棵已凋零殆尽。这是很残忍的现实，也是很真实的生长规律，虽不忍，但也只能面对。

那天放学后，一对夫妇来拜访我，他们充满期待地希望我能给他们开一剂良方："老师，我的孩子已经很努力了，可为什么成绩还是不能靠前？"我知道那个孩子真的很努力，一篇作文他可以修改很多遍，虽然进步很大，但离那几个才子才女学生的文章还是很遥远。但我也知道，他画的漫画很好看，他的歌声很好听。我很想把他的父母叫到窗前，给他们讲讲窗外校道边那两棵开花的树的故事。但终觉这样过于残忍，遂放弃，又开始说一些言不由衷的善意谎言。

这个古老的园子，一年又一年，送走一届学生又迎来一届，在这来来往往的生命里，必然有繁花似锦的，也必然有默默无闻者。为什么园子里这两棵异木棉一定要同时开花同时凋零呢？为什么要用同样的标准来衡量不同的孩子呢？没错，我是一棵会开花的树，但我就不能不开花只长绿叶吗？况且开不开花，都不能影响我成为一棵巍巍然而立的大树。

开花的固然值得称赞，不开花的未必不在努力。我们在鼓吹"成功""成才"时，千万不要忘了每个生命各有其特殊的价值。每一个竭尽全力去追寻和实现自己独特存在价值的生命都是值得尊重的。

所以，当满树繁花开始凋零的时候，我决定写写校道旁那两棵开花的树，一棵花期绵长，一棵花期短暂，一棵花密色艳，一棵花疏色浅。

附学生习作：

## 两棵开花的树

初三（1）班　周凌一

当满树繁花开始凋零的时候，我突然想写写校道旁那两棵开花的树。

这两棵树都是异木棉，种在德政楼的两旁。靠近校门的这一棵早开花晚凋谢，另一棵却相反。或许是因为生长位置不同，受到阳光照射的时间长度也不同，才有这种现象吧。我常自嘲毫无生活情调，对树自然也是不懂欣赏而不去理会的。

直到那次考试后。

坐在初二教室考试的我，正对着那棵晚开早谢的树。树刚开花，几朵小花，藏在绿叶之中毫无生气。正是那次考砸后，我开始觉得我跟这树有点相似：条件没别人好，天分也不如人家。我开始羡慕另一棵树，羡慕它的繁花似锦，羡慕它的光彩耀人。我开始奋力学习，我学习学霸的一切，我想要成为他们。

带着这样的心情，我走进了初三的教室迎接期末考试。这次我正对的是另一棵树，我的目标——正是开花的大好时节，它一如既往地向我展示着它的魅力：有的鲜花怒放，嫩绿的叶点缀着大红的花；有的含苞欲放，嫩红色好像小女孩的樱桃小嘴；有的半开不开，好像一把多彩的花伞。好一棵美人树!

或许是上天造化弄人,这次考试我更低分!我似是被命运打败了。我来到那棵花少的树旁,与它同病相怜。坐在树下抬头看着那稀少的花,恍惚间,我有了一种奇妙的感觉,就像看见雪地中的狼群。我爬上楼,再正视这花:花虽少,但朵朵都是盛放至极。这些花衬托着叶子——不是叶衬托花,叶子大绿,花则为红,犹如墨绿里泼上红色的墨水,不失灵动;仿佛一位优雅的女士戴着鲜艳的珠宝,略为妖艳。我看见狼群中的头狼,张开血盆大口,发出了坚定的嚎叫。

或许它没有那么多花,可它利用自身条件,开出了自己的精彩!也许盛放的方式不止一种,只要我们找到属于自己的方法,就能活出自己的精彩。

"我就是我,是颜色不一样的烟火。"成为自己,盛放出属于自己的人生。

我再也没去看校门口那棵异木棉,它不适合我。

**写后记:**

师生的同题作文《绽放的生命》完成后,组织优秀作品投稿,后来在《羊城晚报》副刊"花地"版发表。著名专栏作者胡一刀老师对两篇文章给出了以下评语:师生的两篇作品的立意相似,都不约而同地将重点放在了那棵孱弱的树上,都突出弱小生命的顽强和努力,这当然是不错的思路。相比之下,老师的作品有更细致的描述和铺垫,显得更自然更真实;而学生的作品就嫌过于用力,比如"我……无奈叹息。蓦地,心中翻涌起万千浪涛""我深深地鞠了一躬"之类,有点"为赋新词强说愁"的感觉。

在和学生共写《两棵开花的树》的过程中,我们约定,文章写完后,我将通过简书、微信朋友圈、班级家长微信群三个途径每日推送一篇优秀作品,最后推送老师的文章。没想到从推送第一篇作品开始,该写作活动就受到了同行、家长和学生的热捧。不少学生为了自己的作品能被推送,反复修改;不少同行和学生家长反馈说"看每日推送的文章像追连续剧,欲罢不能";还有很多陌生的读者在文章后面跟帖点评……本次写作活动从写作到展示共历时15天,共推送师生作品12篇,据不完全统计,共有3700多人次阅读了简书上发布的文章。有一位家长在追完全部文章后,写下了自己的阅读感受:"一路看来,有几个孩子的文章深深地打动了我。简洁的文字,能触摸到他们的迷惘、挣扎、感伤、努力和破茧成蝶的自信。当他成不了那棵繁花似锦的树,他也可以成为那棵绿意盎然的树。只要他倾尽时光与精力、思维与智慧、执着与追求,努力奔跑在逐梦的路上,都值得尊敬和呵护!你的努力,你的不易,我懂。"后来教师作品发表在《羊城晚报》副刊"花地"版，并被《青年文摘》转载，周凌一同学的作品发表在《广州日报》副刊。

在上述师生共写的过程中，教师带领学生完整经历了观察、构思、表达、写作的全过程，教师向学生揭示了完整的写作思维过程，揭开了写作奥妙，也掀开了文章发表的神秘面纱。这样的写作教学过程无疑是非常有意义的，正如著名语文特级教师王开东在《教师写作对学生的意义》一文中所言："有条件的老师如果能够引导学生，真正经历了一次铅字文章诞生的全过程，使学生的作品得以发表，哪怕只有一次，根据全息理论，这个学生就会真正地写作了。真正的写作，只需要一次，就相对完整了。从此，就不必担心这个学生的写作了。"（见《语文教学通讯》B刊2012年第三期）

好的教学不只是滋养学生，还是滋养教师自我的过程，丰富教师自我的过程。在和学生共同写作过程中，学生在生长，教师也在生长。《绽放的生命》写作完成后，我把目光投向了校园内外的花草树木，于是便有了以下这组教师文稿"人间草木"。

# 爬山虎的消失

### 惊鸿一瞥那抹绿

四年前之所以答应来分校工作，很大程度上是因为这所新建学校就像一个梦幻中的花园，尤其是围墙上、教学楼外墙上那一抹抹新绿的爬山虎，满足了我对美的所有想象。

新学校为地中海式建筑风格，来自北非沙漠及岩石的土黄色和红褐色被大胆用在外墙与屋顶上，显得简单明亮。每幢楼宇都有一个或数个半圆形高大的拱门，拱门是纯净的白，拱门两边的外墙用的是不规则的褐色片石，纯净的白色拱门与斑驳的褐色石墙组合在一起，营造出了一种自然合一的朴实质感。楼宇之间有长长的廊道相连，站在拱门下，视野穿过廊道向前延伸直到尽头。当你略觉得色泽有些单调但还没来得及说出口时，拱门上方几枝爬山虎藤似乎窥视到了你的心思，适宜地垂下，在风中轻轻摇曳，嫩绿的叶片在阳光的挑逗下熠熠生辉。就是这几束新绿立即让简单的墙体与纯净的拱门丰富起来，活泼起来。

这是那年初夏，我和这个校园的初相遇。

说实话，在来之前，从未想过自己会从繁华的市中心来到这四周都是农田的郊外学校工作。但就是那惊鸿一瞥，简单明亮墙体上的那抹绿撩逗了我潜意识里想换一种生活的隐秘心思。再加上校长盛情得不能再盛情的邀请，内心经过反复的斗争，我最终答应了校长，任职年限暂定一年。后来回想起自己当时的决定，觉得白色拱门上的那缕爬山虎藤上的细丝竟像是可以无限伸展的触角，进入了我的身体，占据了我的内心，牢牢吸附在那里，让我不能逃离。

## 全班尽写爬山虎

天气渐渐热起来，嫩绿的爬山虎开始撒欢似的疯长，藤蔓不断向上攀爬，枝叶不停地在墙体上攻城略地，越爬越高，五层楼高的墙体几乎被它铺满了。叶子也由浅绿变成墨绿，油油中带着亮，似乎可以滴出墨绿色的玉液。又仿佛是听从了统一指令，叶尖出奇地一律向下，叶片一个一个铺排在墙上，很少重叠，错落有致，又茂茂密密，不留缝隙，远望如一池碧水立在那里，微风拂过，还有水波的荡漾。

这样的立体水景一直可以持续到仲秋。当我们感觉到一丝清凉的时候，爬山虎就要举行一场盛装舞会了：后发的叶子依然深绿，早生的叶片已然深红，中期的叶子色彩最丰富，有杏黄、浅红，还有半绿半红，黄中带红，色彩斑斓。正在给学生上课的我，不经意间从窗中望去，恍惚中那站立着的水波荡漾的碧水，突然变成了一幅巨大的色彩浓烈的油画了。

不知什么时候，学生们也开始关注这满墙的爬山虎。最先出现在他们随笔中的是冬日的爬山虎。可能是在某个冬日的不经意间吧，有人发现从入校伊始就时时陪伴他们的墙上精灵干枯了，凋零了，墙体上只剩下铁丝般蛛网状的爬痕，于是这个孩子开始怀念那绿那斑斓，开始感叹生命的老去与死亡。来年春天，当爬山虎藤上冒出红褐色嫩芽的时候，当更多的嫩芽变成浅绿的时候，当藤条又开始向上伸展的时候，爬山虎在孩子们随笔中出现的次数愈来愈多。孩子们为爬山虎每日的变化而喜悦，为爬山虎顽强的生命坚韧的个性而赞叹……全班尽写爬山虎是在初三模拟考后，那次考试的作文题是《我也是主角》，有一个很内向的女生在文中把自己变身为爬山虎，在周围高大树木和艳丽鲜花的轻视中，执着向上坚韧前行，终于在楼宇最高处展示了自己的风姿，赢得了众人的青睐。新颖的构思、优美的语言、满满的正能量赢得了阅卷老师的青睐，给了她满分。后来我还以此文为切入点，给学生们成功地上了一堂"以物为线索的记叙文写作"的作文课。

看来，这爬山虎不仅能养眼，还能养心，还能为学生的学业增分啊。

## 美与有用

在爬山虎绿得最浓郁的季节，这所新学校的首届学生毕业了，他们带着满墙爬山虎的永恒印记踏上了另一段崭新的人生旅程，去迎接更大的挑战与成功。一个暑假后，我又迎来了新一批学生。在我还没来得及向孩子们隆重推荐学校的爬山虎时，发现还没到植物枯黄季节的爬山虎全部枯萎变黄了。问过方知，教学楼一楼卫生间的管道全部被爬山虎疯长的根给堵住了，这是工人凿开地板挖掘了很深才发现的。为了从根本上解决管道堵塞问题，后勤部门经过反复论证，最终决定把校园内的爬山虎连根拔除。

原来如此!

没有根须的爬山虎,叶子很快就干枯发黄发黑,和黑铁般的茎融成了一种颜色。在校园其他植物郁郁葱葱的时候,爬山虎提早在墙体上呈现出铁丝般蛛网状的爬痕,黑而僵硬,并且再也等不来明年的重生。

虽然爬山虎对我很重要,虽然爬山虎很无辜,虽然我在情感上接受不了这斩草除根式的惨烈屠戮,但理智告诉我:你没有权利去谴责谁!在面临如厕的不便与难闻的恶臭时,我不也激烈地抱怨过吗?难道爬山虎为了自己更好地活就可以给人添堵吗?

墙上爬山虎的尸骨越来越干越来越黑,为了不影响美观,园林师傅从下往上清理这铁丝般蛛网状的爬痕,二楼的还要用上带长杆的特制的镰刀。但再往上的就怎么也够不着了,只好留着。墙的下半截干净得很无聊,墙的上半截却像一团乱七八糟的嘲讽与控诉!

在学生做练习的间隙,我站在窗前望着对面那上下矛盾的墙,想着我眼前的学生三年后再也不能带着满墙爬山虎的印记离开这里了,然后脑海里便无端浮现出了阅读时读到的一些只言片语:

西方的奥斯卡·王尔德说,一切艺术都是毫无用处的。因为人们知道每件东西的价格,却不知道每件东西的价值。

东方的庄子说,人皆知有用之用,而莫知无用之用也。

我想知道,难道美与有用真的是不可调和的吗?

## 金苦楝之歌

宿舍楼通往教学区的路边，伫立着一列高大的树。

每到初春时节，干秃的枝干上便长出橙红色的嫩芽，一眨眼，嫩芽就变成了浅绿的新叶，很快便一树翠绿的羽状复叶在春风中摇曳生姿。

随着夏日的来临，这些树的叶子长得更厚更绿更浓密，校道成荫，为师生带来酷暑中的一丝清凉。

当柔黄色的圆锥花簇笼罩树顶时，诗意的秋天已经来临。先是淡黄，接着是鹅黄，远望就如黄金花云飘落，明灿灿的，一副皇家气象。一阵秋风起，金雨洒落，地面便成黄金花海，一地雍容华贵。黄色褪去，不容丝毫迟疑，一串串三棱状气囊形蒴果挂满枝头，颜色先是深红，接着转为淡粉,还有旁边树上尚未凋谢的黄色花朵,再夹杂着满枝的绿叶,满眼云蒸霞蔚,锦绣灿烂。

北寒南渐时,青叶转黄并逐渐飘零,已呈深咖啡色的蒴果自动迸裂,等待春天的来临。

这些玉树临风、辉煌灿烂的树和所有的生命一样春夏秋冬、周而复始。

再美的树与风景,看得多了,渐渐地也会熟视无睹。而再次引起我关注的,是因为这样的一棵。

那一日,来了几个园林工人,用电锯将最靠近宿舍楼的那棵树最粗的侧枝以及近三分之一的主干锯掉。突然矮下来的树,缺了树冠,就像一位丑陋得令人恐惧的秃头歌女。走近一问,才知道这棵树生病了,为了给其保命,只能对其进行截肢手术。这时我才发现,锯下的树的躯干上的叶子早已枯黄,毫无生气。看来我真的对她熟视无睹已久了。园林师傅们先用透气的棉纱把剩余的树干包裹起来,注入一些营养液,然后又在外层裹上一层绿网。

"但愿术后的输液能挽救这奄奄一息的生命。"每天从宿舍楼出来时,我都会看看那棵做过手术的树,并心生怜悯之情。可过了些日子,她还是那样奄奄一息,残留的枝干上的叶子日益枯黄渐渐掉光。

这棵树，怕再也难得活了。

人们路过那棵树，总是这样惋惜地说。

夏天过去了，秋天结束了，冬天来了又走了……那棵将死之树已如风干的记忆，被我遗忘。

暖阳带着春风又回到了校园，蛰伏了一个寒假的师生也回到了校园。走在校道上，突然听到一个学生惊喜的声音："快看，那棵树树干上好像长了一个灵芝哦。"视线跟随声音聚焦到那棵被我遗忘的树上。树干一半的树皮已经完全脱落，露出皮开肉绽的肌肤，另外一半树皮犹在，但也如干枯龟裂的大地，粗糙不堪。在离地面五六十厘米处，长出了一个半锥体状形似灵芝的东西，锥体是灰黄色的，半圆的顶部呈灰黑色。再往上的丫杈处长满了灰色的木耳。灵芝、木耳都属于腐生菌，常生于枯木之上。这可怜的树显然已感染了寄生真菌，怕是真的死了吧。

带着哀悼的心情，用手摩挲这干裂的树，却在树皮没脱落的另一边看到了几处冒出的豆粒状橙色嫩芽。我心想，主干已死，苦苦地挣扎又有何益？

树却不管别人是怎么想的，很快豆粒般的嫩芽变成了浅绿的新叶，再过些时日，萌芽处抽出了新枝，新枝条虽是纤细，但也长满了绿色的羽状复叶。就这样，这棵树凭着一半的残躯，迎来了一场又一场春雨，在春雨的滋润下萌新的芽，吐新的叶，抽新的枝，忙活了一个春天，又忙活了一个夏天。夏日的秃头歌女已经青丝在顶。虽然还谈不上葱茏如盖，但最高的两枝已如示告天下的利器刺向湛蓝的天空。

又是一年秋风起，那列高大的树在明黄与深红间展现自己艳丽的容颜，仍是那样辉煌灿烂。那半棵重生的树暂时还等不来自己可以绽放的花期，但那黄青色的枝条和翠色欲滴的羽叶在阳光下泛着银光，透着笑意。

在垂死之际仍期待一个机会，等待一场春雨，并最终赢得了重生。这就是生命的力量！再残缺的生命也会迎来属于自己的春天，唱出自己的生命之歌，况且顽强的生命不残缺！

后来我知道这种树有一个既苦涩又高贵的名字——金苦楝树，树性犟韧耐污染又耐干旱，为世界十大名木之一。

## 唇齿间的那些花

餐花饮露,似乎是一件极风雅的事情。

"春日迟迟,采蘩祈祈。"这是《诗经》里曼妙的诗句。

"朝饮木兰之坠露兮,夕餐秋菊之落英。"这是《离骚》中的句子。这是何其的浪漫与风雅!

文人以花为馔,吃的是一种情调和雅趣。乡下人则不然,饥荒之年,是为了饱腹,平常日子,则是为了尝鲜。

在我老家,按时令为序,第一个可入馔的是榆钱花。"春尽榆钱堆狭路",暮春三月,豫中大地上很多树木枝条间的嫩叶还没长出时,榆树刚刚泛青的枝条上就已经偷偷冒出了紫色鼓包,过几日便像三分之一大的成熟桑葚果,只是颜色要稍微浅一些。这就是榆树的花，只有凑近了，才能看清楚这竟然是花，紫色小米粒般的花密密地簇生在长枝的叶腋处。榆树花不仅小，花期也短，短小得近乎于无，在春风的吹拂下，一眨眼，小米粒脱掉紫黑色的外衣，慢慢舒展开来，变成小小的嫩黄色卵状的圆形翅果。这圆形的翅果，中间鼓，边缘薄如羽翼，极像古代的钱币，故得名"榆钱儿"。好多人包括乡里人都把"榆钱儿"误以为是榆树的花，叫作榆钱花，其实榆钱儿是榆树的种子。榆树花可能是世上最低调的花了，低调到人们连吃都不会想到它，人们爱吃的是榆钱儿。榆钱儿一簇簇长在榆树的细条上，由开始的嫩黄很快变成明亮的新绿，还泛着白光，像一串一串霜凌冰挂，又像一串一串新绿的绒花，粉嘟嘟，胖乎乎的。榆钱儿生长期也短，可食用的天数不过三四天，当榆钱儿中间略鼓，颜色变成青绿的时候，村里人便要开始捋榆钱儿了。孩子们挎着篮子咻溜溜就爬到了树上，坐在丫杈处，先迫不及待捋一把新鲜的榆钱儿，放入嘴中，一股清甜味沁入心脾，越嚼越甜。吃够了，把榆树的枝条拉到怀里，把嫩嫩的绿绿的榆钱儿捋到篮子里，一下子就装满了一篮子。胆小的不敢爬树的在下面着急地喊："快折一枝啊，不要只管自己吃！"树上的心满意足了，才会找榆钱儿最繁密的一枝折断丢到树下。树下的孩子同样是先抓一把填进嘴里，才往篮子里捋榆钱儿。后来读到元好问的"长钩矮篮走童稚，顷刻绿萍堆满前"，才知道诗歌也可以如此写实。榆钱儿最好吃的做法是蒸食，母亲们把孩子采摘回来的新鲜榆钱儿洗净，和玉米面、盐混在一起拌匀，然后放在蒸笼上蒸。在蒸的过程中，剥几颗老蒜，切几个青椒，摘几片十香菜的叶子，放在蒜臼里捣碎，倒入酱油、香醋，最后滴上几滴芝麻油和辣酱油，酱汁大功告成，榆钱饭也蒸好了。金黄的玉米面配上新绿的榆钱儿，再配上这酸酸辣辣香香的酱汁，嫩生生香喷喷的，还有一股无法形容的清甜。现在一想来，都口水直流。

吃榆钱儿于我只能是美好的一段记忆了，随着离家求学，我离家乡越来越远，再也吃不到暮春三月的榆钱了。听母亲说，村里原有的几棵老榆树或被砍伐或自己枯死了，现在也没人种榆树了。没想到榆钱饭在乡村竟也会成为一种历史的记忆。据说在中国大地上已很难找到树龄超过五十年的榆树，《尔雅》中有言："榆皮，荒岁农人食之以当粮"，在中国最近的那次大饥荒中，大量的榆树被活活剥皮，用自己的生命挽救了不少中国人的命。不栽榆树的村庄，再也没有榆钱儿的清香，那还叫村庄吗？我突然想，如若再遇到了饥荒，人们还可以吃什么树的皮呢？

很快就风吹榆钱儿落如雨了，乡人倒不会像文人那般的落寞和感伤，因为过不了几天槐花就开始飘香了。村里几乎每家门口都栽种着一棵槐树，"问我祖先在何处，山西洪洞大槐树"，可能在汉民族眼里，槐树代表着故土，代表着家吧。因为村子里多槐树，五月槐花开放时，远远望去，整个村子像笼罩在香雪之中。串串洁白的槐花如碎玉般垂下，一树繁花，香远益清，引来蜂蝶无数。槐花，很少有人生吃，可能汁液没有榆钱儿那么充足那么清甜，但也可像做榆钱饭那样蒸食，吃法一致。除蒸食外，槐花还可以做馅料包饺子、蒸包子，也可以和鸡蛋一起炒食，清甜可口，还可去油腻。现在农村生活条件好了，家家都有冰箱，槐花开放的时节，各家主妇扛着长钩挎着荆篮聊着闲天聚在一起摘槐花，一时吃不完的用食品袋装好放进冰箱，可以一直吃到春节。听母亲说，现在春节家里来客，最受欢迎的菜不再是大鱼大肉，而是一盘辣子炒槐花。槐花入馔，应该比榆钱儿更为人知，但中国古代诗歌中以此为内容的却很少见，找来找去，只找到杜甫的一句"青青高槐叶，采掇付中厨"，可惜杜甫吃的是槐叶，不是槐花。后经查询资料才明白，我们常吃的槐花是刺槐花，也叫洋槐花，原产北美，清光绪年间才引入中国，而原产中国的国槐花只能入药，是不能吃的。原来此槐非彼槐，中国古代还没有如此清甜可口的刺槐花，自然不能入诗。明白真相的我，内心竟有一种很强的失落感，这沧桑内敛又秀色可餐的刺槐怎么会是外来物种呢？从村人有记忆起，那些开满白花的老槐树不是一直长在村口和家门口的吗？

原产地为中国的紫藤萝几乎和刺槐花同时开放。在城市里，紫藤萝常作为庭院棚架观赏植物被大量种植，但在我们那儿很少有人在家里栽种，全是野生的。豫中丘陵地区的紫藤萝大多是生长在高高的土崖之上的。春夏之交，正是紫藤萝吐艳之时，一串串硕大的花穗垂挂枝头，紫中带蓝，灿若云霞。紫藤萝的枝条从崖头一直往下奔流，紫色中闪着亮光的花穗也从上往下奔流，只有这野外土崖上流淌的紫藤萝才有资格被称作花的瀑布吧！采食这高高崖壁上的藤萝花，必须要用长钩或长把的镰刀。从高处被折断或削断的花枝如蓝紫色的孔雀翎羽飘飞下来，乡下孩子最喜欢的游戏是把艳丽的枝条挂在头上披在肩头，像极了舞台上戏曲演员的凤冠霞帔。在农村长大的我，一年四季会与各种各样的花相遇，但似乎只有紫藤萝花带给我美的冲击最大，那是一种带着梦幻的色彩与风情。玩疯了，玩够了，孩子们才把紫色的花择进篮筐里，让妈妈烹制成美味的餐食。明朝的高濂在《遵生八笺·饮馔服食笺》中有记录藤萝花的吃法："采花洗净，盐汤洒拌匀，入瓶蒸熟，晒干，可作食馅子，美甚。荤用亦佳。"我家乡的吃法与此大同小异，蒸熟后直接做饺子馅或包子馅，当然也可以把刚采摘来的鲜花直接焯水后上油锅爆炒，吃时还有淡淡的花香。后来知道，北京地区有用紫藤萝花制作藤萝饼的传统，做法和酥皮月饼类似，不过是把豆沙枣泥换作藤萝花，据说花有柔香，袭人欲醉。没吃过，不知其味，但我想应该和云南的鲜花饼差不多，过于甜腻，反而失去了花的本香。离开故乡后，也回去过好多次，但都不是在暮春时节，所以我再也没吃过紫藤萝花了。今年夏日，在广州花鸟虫鱼市场无意中遇到一个卖紫藤萝枝条的，赶紧买了一株，栽种在阳台的大花盆里。身居在大都市的一方斗室之中，自然是没有天地供我栽种榆树、刺槐的，还好有一枝紫藤萝可缓解我的莼鲈之思。这枝紫藤两个月后就爬满了阳台的窗棂，给这炎热的夏日带来一袭阴凉。明年的春日，它会盛开如紫色的花瀑吗？假如有盛开的几穗，我是否舍得采掇入厨呢？

看来，小时候唇齿间的那些花馔——榆钱儿、刺槐花、藤萝花，只能留在永远酣睡的梦中了。

听说广州开了好几家以"花卉"为食材的主题餐厅，乡下那些随风而长的花一转身变成了昂贵的食材，变成了城里人唇齿间的风花雪月。可原本来自最乡土的民间，或为饱腹或为尝鲜的花馔还会有最朴素的那丝清甜吗？

我怀念记忆中唇齿间的那些花……

## 冬日树画

很少人会去赞美冬天的树,那灰黑色的秃树枝丫叉于晴朗的天空,给人带去的更多是一种悲哀。但我喜欢拿着相机去拍冬天的树,把冬树在镜头里定格成一幅幅中国画。

不用跑远,就在城市的大街小巷,用相机或者手机对着木叶脱落的寒树,以天空为底色,"咔嚓"一声,树画已成,此时的天空最好是湛蓝的净色。不过再晴朗的天气,城市的天终归是蒙着一层灰,高楼也太密集了,要找到一块足够空旷的蓝委实不容易。所以,要拍树画最好还是到乡下去。也许是在山路的转弯处,立着一颗粗壮高大的苦楝,任意伸展的浅褐色枝丫形成了一个不规则的树冠,粗的枝细的桠如浓淡不一的墨色线条在明净的天空任意勾画,它落尽一身的繁华，用一树瘦骨，化为水墨丹青的泼洒。也可能是在高高的崖头上，立着一棵百年青杨，用枯枝铁杈在远山之间，在高旷宇宙之间划出自己的痕迹，构成一幅风清骨峻的山水画。崖头挺立的还可以是枣树、杨树、榆树等一切的落叶树，但一定不能是松柏。因为松柏的剪影是成团块的，就像是西方的油画和雕刻，只有疏枝横斜才能化为线条，才是中国画，中国画是线条的韵律。

要想拍最美的冬日树画，最好去落雪的北方。蓝天与雪野拼接成无缝的画布，江畔的杨柳枝在这蓝白色的画布上作画，构成寒汀寂寞的清景，这样疏旷淡远的树画极符合中国画简淡的风格。

最美的风景一定是在路上！那次驱车从哈尔滨到雪乡，高速路两边是皑皑雪原，道旁树多为杨树和榆树。杨树的枝条一律向上，颜色浅淡些，榆树枝细小错落，远望如烟似岚，视野再远一些是山的轮廓与剪影，"隐隐寒山欲雪，萧萧古木凝烟"的画境就在不经意间出现在眼前。

下高速转入国道，柏油路向林场深处迈进，路两边是亭亭玉立的白桦林。白桦长在雪野中，那一袭纯白一直蔓延到公路上，只有中间是柏油的黑，这黑白色线一直向天的尽头延伸。湛蓝高远的天空，纯净圣雅的雪野，冰肌玉骨的白桦，绵延入云的公路尽入镜头，大自然用面和线两种元素，用蓝白黑三种色彩，绘就了一幅素淡而深邃的画。

拐过一道道弯,越过一道道山,来到海拔最高处——大秃子顶,雪越发厚白,只是没有了密密匝匝的林木,只有几株叫不出名的古树寒木傲立山头。站在猎猎风口,放眼回望远山暮霭的空阔,皑皑白雪将尘世的烟尘淹没,几株荒天古木将一路山水过渡为一个静止的空间,一个释然的世界。

在这远离喧嚣的雪顶幽绝处,望着镜头中的疏木枯枝在冰雪极寒中将自己树影零乱的寂寞印在高空与远山之间,人心似乎也渐渐寂寞下来沉静下来。冬树为了生命中繁枝嫩叶的永恒,在寒风中凋落成暂时的干净,用自己铮铮铁骨继续活出硬的格调、清的精神、疏的风范。

念及此,山外世界的欲望横流你争我夺已然成为荒唐的梦,只剩下生命的真实和纯净。这样的景致比中国画更中国画,这样的画无疑也是简淡的,但简淡中又包具着无穷。

喜欢清初文人画巨子龚贤的画上题诗:"一角小重山,几簇荒寒树。此际寂无人,谁领闲中趣。"

一树,一幅画。

一画,一世界。

我喜欢拍摄冬天的树,把树定格进我喜欢的世界,不管你懂还是不懂。

## 村野旧杏花

不知为何,临近春天,当一个人闲静下来的时候,我总是想起村口的那株老树杏花。

月牙形的村子卧于半山腰,村子上面还是村落,村庄便这样一层层长上去,似乎要长到天上。村子下面不再有村庄,而是几百米深的沟壑,沟壑斜坡上是世代村民开垦的梯田,也一层层长下去,长到不能再长的沟底。

杏花开在村口的高塬上。树是老树,树干粗黑,上面长满了树结,像一个个奇形怪状瞪着你的牛眼,树上仿若还有几个树洞,黑黑的像虚无但又真实的历史,听父亲说他小时候这树就如此模样地长在那儿。整棵树向虚空中微斜,从崖下往上看,极像一个树的盆景,盆自然是没有的，杏树长在高高的黄土崖壁上。

当冰冻僵硬的土地变酥软的时候，当野柳的枝头吐出了鹅黄，迎春的枝条绽放出明黄的时候，杏花开了。点点簇簇浅粉色的杏花开在黝黑的枝头，开在黄黄的崖壁上。这杏花就像开在宣纸上，开成了一幅疏淡、清美的小写意画。

沿着两旁长满了荆条野草的羊肠小道往上走，走到最高处的村子口，转身回头，每个山坳处都有人家，每个人家屋头都有繁密的杏花，一幅大写意的村坞杏花图展现在眼前，庾信的"依稀映村坞，烂漫开山城"作为这画的题诗是最恰当不过的。

这样的杏花村在故乡是随处可见的，但村里未必有酒家，更加不是牧童遥指的那个。据说杜牧笔下的杏花村在长江南岸的池州。杏花似乎就该是属于江南的，否则怎会有"杏花春雨江南"这么完美的汉字组合？但充满着柔情诗意的江南，原本就脂粉味十足，哪里还缺这一枝浅粉的杏花呢？

一枝红杏出墙来。杏花又似乎是属于古典园林的，那园子似乎又一定是白墙黛瓦的样子。但姹紫嫣红、云霞翠轩的良辰美景，又怎么能彰显这疏淡简朴的杏花之美？

粉墙斜露的杏花，在春天的枝头喧闹着，闹得有些刻意，开得过于精致，精致得巧夺天工，而销蚀了自然的味道。

我喜欢这样的杏花，这如村夫俗子的生命，简单，真实，质朴，坦荡。尤其那崖头山坳的杏树，大多萌生于鸟雀五谷轮回而来的种子，这种子能长成一树杏花，该是多大的生命造化！再美的诗句在这样的生命哲学面前，都过于轻飘，轻飘得像风吹落的一片桃花。桃花烂漫得有些妖冶，妖冶得有些轻佻。

村野的杏花盛放并不是为了彰显自己的美丽，开花是为了结果，美的呈现只是随带的副产品。所以，暮春时节，花褪残红青杏小的画面，不会给人带来丝毫的伤感，反而让人有一种莫名的期待与兴奋："山园时节好，杏子已微丹"的初夏很快就要来了，"梅子金黄杏子肥"的丰硕仲夏还会远吗？

我多想在乍暖还寒的春日里，做一朵这样的杏花，开在故乡的村野里。

可是我做不成这旧年的杏花。我是最早逃离这村野的那个，因为城市和远方的呼唤。

散落在各个山坳的孩子陆续长大，长大后陆续逃离，故园一天天荒芜起来，艾草很快就开始攻村略地了。不能离开的也搬进集体农庄了，听父亲说我们那里被规划为城郊的森林公园了。荒芜的村子很快要淹没在艾草香弥漫的青气中，村口的那株老树杏花仍在，我希望曾经哺育过我的村子能这样一直荒芜着，千万别在那些杏树旁建造一堵仿古的墨顶的粉墙。

就这样荒芜着吧,把这些老树杏花继续留给荒野,还给自然。

现代文明对荒野的围剿速度太快,原封不动地善待,可能是我们对一朵杏花最好的尊重。

## 密西西比河畔的榆

虽然已是春天,但明尼苏达州还经常有大雪。不知道是不是寒冷的缘故,明州的天空蓝格外清透,就像结冰的苏必利尔湖的湖面。

住在明尼苏达大学的东校区,每天傍晚都要去校园散步。校园很大,横跨密西西比河,有多座桥梁连接东西两个校区。从东桥头走到西桥头,然后往下走,可以一直走到密西西比河畔。沿着河岸,慢慢地前行,耳边是涓涓的流水声,头顶是蓝水晶般的天空,映在蓝空中的是河畔各种树木或粗或细长短不一的枝条。我极喜欢这冬日的树,尤其以晴空为背景,近看真像在浅蓝色画布上的工笔画,远望又似烟岚般的中国水墨。

河畔的树又多又密,从伊塔斯卡湖流出不久的密西西比河闪着镜光，和缓地在密林间撕开了一道宽宽的口子，蜿蜒向前，润泽两岸。落光了叶子的树聚集在一起，就像密密麻麻脱光了衣服的人，很难看出不同，我能叫出名字的大概只有橡树、白桦、青杨几种。有一种树，看起来很眼熟的样子，树干高大，树皮呈灰黑色，纵裂成一块儿一块儿，像深色的鱼鳞，粗粗的枝干上的枝条细长错落，近看似乱麻一团，远望如凝烟几缕，这不是榆树吗？但似乎又比中国的榆树更粗壮更高挑，有三四十米高。实在好奇，忍不住问美国的朋友，他想了一下说："应该是 Ulmus Americana"。怕我不懂，他又用手机查了一下这个词，告诉我"就是美洲榆"。真的是榆树！我内心突然激动起来，看着眼前的美国榆树，竟然有异国遇故知之感。原来美国也有榆树，虽然是美洲榆，和中国榆树并不完全相同。

孤陋寡闻、才疏学浅的我一直以为榆树是属于中国的，并且还只能属于乡土的中国。我在古老的《诗经》里读到过关于榆树的苦涩民歌"山有枢，隰有榆。子有衣裳，弗曳弗娄……"，"枢"也是榆树，是刺榆，"榆"是白榆。"山有枢，隰有榆"，是说刺榆长在高高的山坡上，白榆长在低湿之处。在我老家，印象中几乎没有人专门去栽种榆树的。榆树是贱生之木，只要有水分和泥土，榆钱儿飘到哪儿榆树就生长到哪儿。所以中国榆树大多生于荒芜处、背阴处、山坡、山谷、断崖绝壁，穷乡僻壤都可常见榆木。它一旦活下来了,就把根深深地往下扎,牢牢吸附住大地,不管干旱、贫瘠,无论严寒、酷暑。无意地出生,坚韧地生长,这多像古老中国生活在最底层的劳苦大众。榆树太普通,普通得甚至有些卑微,以至于在唐诗宋词很少能读到写榆树的诗句。是啊,文人墨客哪里会用精心雕琢的清辞丽句来修饰这卑微的树呢?

写榆钱儿的诗句倒是不少,毕竟莼鲈盐豉的诱惑对谁都是一样的,不过文人之吃更多是为了一份新鲜与雅致,而百姓更多是为了活命。"阳春三月麦苗鲜,童子携筐摘榆钱",这样的事我小时候也干过,榆钱儿那嫩生生香喷喷的无法形容的清甜仍是永难忘怀的味蕾记忆。旧时的农民要靠榆树活命,吃完榆钱儿,鲜嫩的榆叶已长出,随便采掇一把丢进锅里就是饱腹的野菜。在青黄不接之际,榆树从开春一直到初夏,都可提供这难得的美味。榆叶吃完了,还可吃榆树皮。《尔雅》中有言:"榆皮,荒岁农人食之以当粮",在饥荒之年,榆树不仅奉献出自己的种子、叶子,最后甚至奉献出自己粗粝的皮,用生命去救助劳苦的大众。在我们多灾多难的民族生命轨迹中,榆树多次成为饥民果腹的"粮食"。中国人的"榆树情结"很大程度是源于民族的苦难历程。榆树不仅能提供食物,它周身都是可用之材。榆木密实有韧劲,纹理细腻,宁弯不断,是做家具的好材料,俗话说的老榆木疙瘩就是形容榆木坚硬不烂的。榆树在喧嚣的世界里很容易被人漠视，但它自己依然冬夏不息地站立在有人的院落村口和无人的孤峰低谷，长出自己的固执性情，正如它卑微顽愚的名字"榆"。

我问美国的朋友："你吃过榆钱儿吗？"他一脸懵懂地看着我，他可能连榆钱儿是何物都不懂。还有，美国榆树的榆钱儿能吃吗？我不知道，我也没再问下去，也许在美国人眼里榆树就是一种极普通的树，随意地生长在路边河畔，不声不息。对中国人则不同，榆树曾是救命之粮，有村落的地方必有榆，它是我们的家树，代表着家园，代表着我们苦难的民族。

在密西西比河畔，我望着美国榆树在蓝天中如烟似岚的剪影陷入了冥想，那剪影里有着故乡的味道，有着水一样流淌雾一样缥缈的乡愁。

《诗经》里的歌声又从东方的远古传来："山有枢，隰有榆。子有衣裳，弗曳弗娄……"我提笔写下了这些文字——给故乡。

# 美的回响

我喜花草,所以我家的阳台,一年四季,都是一派葳蕤清芬。

但我所栽种的,无一名花贵草,大多是随遇而安的主儿,如吊兰、绿萝、篱杜鹃和紫藤萝等。这些花草或从朋友家移植或于街边小贩处购入,命贱好养,不用施肥除虫,甚至几日忘记浇水,也无大碍。我喜欢这样的君子之交,淡如水,随意,舒服。

前年春节在花市购得一盆浅黄色的蝴蝶兰,绛紫色带着暗纹的陶瓷花盆衬着这清雅的黄花和肥厚的绿叶,甚是脱俗。更喜的是盆中还有两三茎文竹点缀,绿色云烟中盛放着朵朵明丽的浅黄,真可入画。年后不久,那朵朵兰花便纷纷如蝴蝶折翅陨落,肥厚的叶片也日渐枯黄,那文竹也是青一半黄一半的。将弃时,看那半枝文竹仍亭亭伫立，终不忍心，便剪去枯黄把剩余的绿意移栽于盆中。我以肥沃疏松排水良好的砂质壤土栽培之，定期按量洒以清水，没想到，一个月后，那半枝文竹已葱茏如绿云，极似一棵具体而微又诗意满盈的树。

去年春节，又购得一盆蝴蝶兰，大盆，紫红色，置于客厅，春节时盛放成一团锦绣富贵，家里人都很喜欢。但再灿烂的盛放也杜绝不了生命的凋零、干枯。还是将弃时，看到其中一株的叶片仍很肥厚，又不忍，将这一株移植到新的泥土中，用心地浇灌松土。没想到它竟能如此执着地吮吸养料，熬过了冬，穿越了春，终于在盛夏长出了新叶，抽出了新条，冒出了新苞。当我怀着惊喜的心情，将这株刚刚冒出花苞的蝴蝶兰发到朋友圈时，一个朋友善意提醒我："别高兴得太早，到秋天都不一定开。我家的也长出了花蕾，但最后都一个一个地蔫了。"难道这年花真的迎不来第二春吗？我不管不顾，只是更用心地照料这株差点被遗弃的兰花，期待她盛放的惊艳。就在十天后的那个早晨，我在阳台看到了她吐蕊如笑脸，并且不止一朵。花朵虽然没有春节时的硕大，但依然灿烂。原来，梦想无非就是这卑微地执着！我执着地期待她开花，她便执着地生长。

我将这棵文竹和这株蝴蝶兰放置在书房的飘台和书案上。文竹亭亭，秀丽文雅，可爱的细叶斜展，形似一片飘浮的绿云，一阵微风拂来,她便袅袅婷婷地随风起舞,好似在向我致意。蝴蝶兰紫红色花瓣静静地绽开,露出几点浅黄几点浅粉的蕊,有种别样的幽芬和雅致。我将这草、这花的照片和故事再次发到朋友圈,还配上纳兰的清词丽句"别样幽芬,更无浓艳催开处""一径绿云修竹,半窗红日娇花"。没想到,竟引来诸多好友的种种美丽回应:

"一腔诗情画意,两行清词雅句。"

"一花一草一世界,两弃两惜两情缘。"

"生命有爱,草木含情。念念不忘,必有回响。"

……

是啊,念念不忘,必有回响。我只是稍微用心地对待一株草,一朵花,它们便把生命里最美的姿态回馈于我,让我庸常的生命有了些许的诗情画意,让我拥有了一个更美好的世界。

其实,用心带来的回响,绝不仅仅是花草。

记得一个月前,我受邀到一所海边的农村学校,给那里初三的孩子讲作文备考。讲座结束的时候,有一位老师追上我,说她是特意赶来听我的讲座的,她一定要和我见下面,原因只是因为她几年前参加过我组织的一次教师招聘考试,我在试卷里考到了斯皮尔伯格,考到了旅行,还让她背诵了屈原的一段《楚辞》。这位老师当晚发信息给我,她说:"我喜欢你们的考题。那次考完试,我就想告诉您,我喜欢对生活充满热情的你们,想和你们一样,不要被生活的一地鸡毛淹没。如今,我已为人母,生活工作有时像鞭子赶着自己疲惫的脚。今天再次看到您,突然想到那时的自己。听到您刚才对学生写作的引导,要对生活用心用情,这句话深深打动了我,它启发我应该换一种心情看世界。"说实话,因时间久远,这位老师已遗忘于我的记忆中。我没想到一份考题也会对一个人产生如此深的影响,一次很不诗意的招聘考试竟变成了她念念不忘的诗意。原来我们用心对待的每一件事,都可能会在某一个心灵的湖上荡起涟漪。

  再普通的花草,只要用心培育,总会长成春天;再平凡的事情,只要用心去做,就会变成极致。用心不只是认真,更是一种执着和竭尽所能。用心地对待阳台上的那棵草和那朵花吧,用心地对待我们身边的那个人和那些事吧,我们可以收到来自这个世界的美好回响。

**《总会想起那张照片》写作缘起：**

  2017年广州市中考语文开考当晚，我以玩友的心态试写了一篇下水作文，发布在自己的公众号，有幸得到《语言文字报》王晶编辑的青睐，刊发在该报2017年7月14日第三版。中考成绩放榜后，我有多个学生语文成绩在140分以上，倪隽同学的语文更是取得了148分的优异成绩，估计他们的作文应该都是高分作文。

附2017年广州市中考作文题

  阅读下面的文字，按要求作文。（60分）

  如今，对于大多数人来说，拍下一张照片是最容易不过的事。照片在我们生活中随处可见，自拍照、毕业照、旅游照、新闻照等，比比皆是。照片记录了生活点滴，照片呈现了大千世界，有的令人喜悦、感动，有的令人痛苦、惭愧，有的令人思索、回味……总有那么一张照片会让我们印象深刻。

  请以《总会想起那张照片》为题，写一篇文章。

  要求：①文体自选（诗歌除外）。②600字以上。③文中不得出现考生的姓名和所在学校名称。

## 总会想起那张照片（师生同题）

我的书柜里放着几十本相册，许久没有翻阅，封面浮尘，内页泛黄，最美的记忆早已开始褪色，渐近于无；我的电脑里存着几百兆的照片，许久没有打开，再好的风景也已碎化为信息僵尸，无声无息。但不知为何，我总会想起那张照片。

在那张照片上，我背对着镜头伫立在宽阔而高耸的古城楼上，消瘦的身形孤独而立，几绺头发竖起，在风中凌乱地飞舞。照片的近景除了孑然而立的背影，还有青色的城砖，凹凸的女墙，宽阔而绵延的城墙。城墙一直向远方蜿蜒，蜿蜒在平坦宽阔的平原之上，似乎要奔向那远方的山峦。

这是我2002年暑期，在天下第一雄关——山海关的城墙上照的一张照片。刚刚工作的我,事业不顺,感情遇挫,在苦闷无聊的暑期,在百无聊赖中寻得一同学在山海关市上班,便投奔而去散散心。我觉得只有陪伴和倾诉才能给自己疗伤。但是在和同学说笑中把失意和抑郁都浸泡进北戴河的海水里之后,我还是郁郁寡欢。

我是在一个下午登上山海关的。虽是下午,但在写有天下第一雄关的匾额前仍是熙熙攘攘拍照的人群。烦乱的心情受不了这聒噪,赶紧逃离这嘈杂的人群,一直往前,一直往前,超过了一个又一个游客,甚至把同学也远远地甩在了后面。

前面再无最佳摄影点,只剩下青青的城砖,凹凸的女墙和宽敞得可以跑马的城墙顶。耳边再无嘈杂的人声,只有猎猎的风声。极目远眺,城墙下是一色青砖瓦的房屋,再远处是辽阔的燕赵大地,目力穷尽之处是暮色笼罩下的一抹远山如黛,山脉的上面是苍茫的天空。"念天地之悠悠,独怆然而涕下"的句子不经使唤就跳了出来,不知为何,我在这静寂无人、高耸而宽阔的高台上突然泪流满面。

虽是暑期,但站在傍晚时分古城墙上的我却感到了丝丝凉意,于是紧抱双臂,静默而直立地凝望这天与云与山,还有辽阔的平原。在广袤的天地间,一下子觉得自己渺小得就如人世间的一粒微尘,沧海中的一颗粟米。近段时间我的世界充满了哀伤,原来是因为我只活在自己的小世界里,如同井底之蛙,无法感受到天地之大。我的痛苦很大程度上来自于自己将"我认为我觉得"定为了世界对错的标准。"天地有大美而不言,万物有成理而不说。"这不再是《庄子》书中的句子,而是我在一个人独处时最真切的感悟。独处有什么不好呢?一个人能不能独处可以检验他有没有灵魂生活。当一个人有灵魂生活的时候,那点失意和痛苦又算得了什么呢。终于赶上来的同学,看到了静默伫立的我,他没有上前打扰,而是静静地按下了快门。

在后面的时光里,当我寂寞的时候,我总会想起那张照片。在那张照片定格的时间里,我第一次明白了独处的意义,那就是冷静地面对自己,和自己对话,然后拥抱自己。

在此后的岁月里,每当遇到不顺的时候,我总会想起那张照片。在那张照片定格的瞬间,我学会了如何与自己和解,如何安静地欣赏自己,欣赏这个世界。

与自己相遇,让自己自在,让内心强大,我总会想起那张照片。

附学生作文:

## 总会想起那张照片
### 倪隽

那张照片藏在我相册的最深处,也藏在我心灵的最深处,让我时时把它记起。

那张照片里的我年纪尚小，扎着两根细细的羊角小辫，身边环绕着年轻的爸爸妈妈。我们蹲下身，掬起故乡小溪里澄澈的溪水。我们的身后，是皖南古镇重重叠叠的白墙青瓦，檐角翘起精致古朴的纹路。那张照片是请摆摊拍照的人，用他那古旧的照相机拍的，洗出来后被母亲好好地收藏起来。

也许是照片里晚霞洒下动人光彩的缘故吧，我觉得那张照片里的自己分外光彩照人，故乡的山水分外清秀美丽。不过随后我们就在广州城里定居下来，许久没有回过故乡。不知为何，每当我看到各种自拍照中夸张的特效，或者夜晚珠江两岸千姿百态五颜六色的灯光，以及鳞次栉比闪闪发光的高楼大厦时，我总会想起那张照片。因此，回故乡去寻那拍照的地方，便成了我的梦想。

去年寒假，父亲因有些事需回故乡处理，我顺便跟了去，想要寻访那记忆中照片拍摄的地方。我携着父亲写给我的一个模糊的地址和那张照片，踏上了寻找的路途。

然而，在触目都是小洋房高级公寓的如今的故乡，我再也没能找到照片中的故乡。一位上了年纪的妇人，叹息地告诉我，那张照片里的正是她以前住的乌石镇，那条小溪也正是她当年洗衣裳的小溪。但是五年前那个镇子被开发商看中了，古镇的老建筑都被拆除了，只等明年开工建小洋楼了。

她领我到那已泥泞枯竭的小溪河床，看那遍布钢筋器械的故土残垣。我把那张照片在手里攥得紧紧的，记起当年那摄影师仿佛说过的话"这张照片一定要好好记住哟"。没想到一语成谶，不知道，当年他说这句话时眼里有没有掠过一丝忧伤和落寞？幸好还有这照片，不然，那美好的故乡是不是再也不会被想起？

无论那张照片在不在手边，我现在仍总会想起那张照片，故乡古镇醇厚绵长的韵致在其中回荡。后来我知道那大概就是一个被城市围困的人模糊的乡愁吧。

总会想起那张照片，总会想起那份乡愁。

**《节日里》写作缘起：**

　　这是初三一次堂上限时写作的题目，学生的作文完成得不太理想，主要问题是材料雷同、内容陈旧、情感失真。后来找学生聊写作时的状态，很多孩子说他们记忆中的节日每年大致如此，没有什么新鲜的故事，更没有什么独特的感悟，于是他们只好重复陈旧的故事或者编造虚假的故事。每个节日都该是快乐的、丰富的、精彩的，学生对节日无感的背后不是他们缺少生活，而是不会凝视生活。我始终认为，对写作而言，原生态的生活是写作的终极来源，但未经凝视的世界是毫无意义的。唯有凝视，才有可能观察和审视，才有可能有新发现。

　　我决定写写节日里在酒楼里看到的很寻常的一幕，想以此为例帮助学生澄清误区，重建他们对写作的认识。

## 节日里（师生同题）

前不久，山里的屋子交付了，所以今年中秋，我们决定去新屋过。

下午下了一场豪雨，阳台赏月看来成泡影了，再加上收拾新屋有些疲累，懒得烧晚饭，于是一家三口决定到外面吃饭。

到了山下商城的餐饮一条街，人流如织，几乎每家都要排队，看来传统的过节方式离现代人是渐行渐远了，传统节日日渐式微也是不争的事实。

在感慨之余，很快就有了座位。坐定，点好菜。坐等上菜的时间里，斜对面的一对母子引起了我的注意。

那位母亲显然刚从乡下来，其穿着打扮还带着浓浓的乡野之风。上身是一件红色带黑白花的外套，下面是一条黑色的裤子，脚上穿着一双橡胶凉鞋。花白的头发梳到脑后，用皮筋扎了一个发髻，头上还戴着一个老式的发箍。面部白皙清秀的儿子坐在母亲的对面，二十四五岁的样子，身穿T恤短裤，脚蹬一双运动鞋，手腕上戴着运动手表，手里拿着一部智能手机，看起来运动时尚、青春帅气。

这里是新区，百业待举，无数青年人满怀理想和希望，投身于这块创业的热土。我猜想这位小伙子应该就是其中的一员吧，可能大学毕业一两年，在这里安顿好了，于是接乡下的妈妈来城里过节。

吸引我的不仅仅是这对母子对比鲜明的着装，还有他们点的满满一桌的饭菜。他们只有两人，但桌上菜的分量比我们一家人点的还多。我们来之前，他们就点好了菜，所以不知道点菜时母亲和儿子是否发生过争执。看样子，乡下来的母亲是极节俭的，一定担心花钱浪费。但想必儿子执意要给苦了一辈子的母亲准备一桌丰盛的节日晚饭，要知道在这之前的二十多年里，每一个节日抑或每一个平凡的回家日子，都是母亲在烟熏的灶台前为儿子精心烹制他最爱吃的饭菜。这满满的一桌饭菜，是反哺的仪式，是长大的宣言，浪费点儿又算得了什么呢？

我一直在盯着他们看，母亲吃得不多，她慈祥的脸上现着幸福的颜色，眼睛一直看着吃得很香很香的儿子。母子俩基本不讲话，儿子边吃边不时扫一下手机屏幕，偶尔让妈妈吃菜。这是一对沉默的母子，这样的母子相处模式很中国，我们都习惯了把爱深深埋在心里。

我想，为什么大过节的只有两个人出来吃饭呢？小伙子有女朋友吗？还是女朋友回老家了？小伙子的爸爸还健在吗，或者还在老家为生活而打拼？不便去问，所以这些问题都没有答案。我唯一能知道的是，在一个万家团圆的中秋夜，一位儿子陪着乡下的母亲在享用丰盛的晚餐，这个用餐的画面是那样温馨而动人。放眼望去，在这嘈杂热闹的酒楼里，似乎每一桌每一围都坐着这样的家庭，人数不同，但都因为节日聚在一起，在吃喝间传递着爱，阐释着家的内涵。

很多人在感慨传统节日的日渐式微，也有人提出传统节日是否有存在必要的质疑，但从这对母子身上，我看到了节日对亲情的加固作用。传统节日也许变的是形式，但不变的是内涵。只要对团聚和亲情有期盼，我相信传统节日必将代代相传。

附学生作品：

## 节日里

程祉程

我坐在公交车上，四周都被行色匆匆的乘客包得严严实实。

又是一个浪漫的情人节到了,空气中似乎都能嗅到甜蜜的玫瑰花香;车窗外不时有如胶似漆的情侣沉醉在卿卿我我之中;提着鲜艳礼品盒的帅气男子满怀期待地看着腕表……

车停了。车厢里出现了一对老夫妇,他们花白的头发在人群中格外显眼——他们在乘客的拥挤下有些重心不稳,摇摇晃晃地站着。透过熙熙攘攘的人群,我突然瞥见,她与他的手,紧紧地拉在一起,他那宽大却又青筋毕露,饱经磨难与岁月洗礼的手,有些颤抖地包住她的手,有人从他们旁边经过,险些将他们挤倒,但那双手,死死地攥在一起,从未分开。

她显然有些累了,原本抓在头顶扶杆上的手垂了下来,想去抓住座位边的扶手,但那里早已被密密麻麻的手占据了,她将伸出去的手在空中尴尬地停留片刻,犹豫了一下,又抓住了头顶的扶杆。他显然也看见了这一切,于是他带着企盼的目光向四周望望,除了人,还是人。坐着的,只是坐着;站着的,木然站着。他转过头,对她笑了笑,很宽厚的笑,她也用笑容回应——善解人意的笑。

除了我,没有人注意他们。

我坐在公交的一角,暗暗地为其他乘客感到悲哀,他们匆匆的面容上透露出了对这个自己用金钱与甜言蜜语华丽修饰的节日的无限向往,或许他们的情人节将会十分奢华,十分浪漫甚至充满爱意,但那对老夫妇对彼此的信任，对彼此的爱惜，或许是他们所奢求不到的。

老人与他的妻快到站了，他们开始向车门挪去。

但人们如一堵墙，挡在他们面前。

老人用力地挤着，他并不高大，力量也并不大，他用瘦小的身躯和羸弱的左肩抵住倒向她的人墙，右手死死地拽着她……

我闻不到玫瑰花的香气了，也看不见你侬我侬的情人们，我只看见两只手在不断拥挤下越握越紧——或许他握着的，就是他的全世界……

老一辈的爱情，没有太多的甜言蜜语，没有"我爱你"，那个年代，没有鲜花，没有巧克力，没有钻戒。有的只是誓言，是相濡以沫。那爱情一点也不华丽，不像大海般充满惊涛骇浪，狂风骤雨，却如河流般一直涓涓细流、润物无声，因为，它一直在那里……

情人节，或许无需各式各样耀眼夺目的珍贵礼物，更不用华丽浪漫修饰的甜言蜜语，只要有他和她那一双紧紧握在一起的手，有彼此紧紧连着的心，有那永不停息的爱情，足矣。

**写后记：**

作文是写作者观察生活、认识生活和反映生活的过程，是写作者内在生命体验和生活感悟的一种外化，对生活的感悟才是写作的基础。而这里讲的写作生活并不玄奥，其实就是我们每个人的日常生活。我一直不认同现在的学生生活单一枯燥这样的说法，这个时代孩子们的生活比以往任何一个时代都要丰富充实、精彩绝伦。学生时时刻刻都在写作生活之中，之所以觉得自己没什么好写，是因为很多学生没有用心去留意去认识去思考自己的生活。为了帮助学生解决写作的这个问题，教师就必须在写作教学中，引导学生养成用文字记录生活，用思想点亮生活的习惯。

以师生共写的方式，引领学生张开善于观察善于发现的眼睛，引领学生打开敏感多情的内心，从而让学生从看似平淡无奇的生活中，从凡人琐事中发现有价值、有意义的东西。在这个过程中，我和孩子们收获的不仅仅是这些理性的认识与体会，更重要的是师生都在"记录生活，点亮生活"中得到了实实在在的成长与提升。

当我们学会了用眼睛发现生活，用心灵热爱生活，用文字记录生活，用思想点亮生活的时候，我们会发现我们的个体生命也因为言语的表现与存在而充实、丰盈、高贵。

于是，便有了以下这组教师文稿"往事如风"，回忆生活中的身边人、寻常事，体会别样的温暖与感动……

## 回忆我的语文老师

初踏进高二文科班的教室,便遇见了坚守岗位、寸步不离教室的您。凭这一点,我便自然对您产生了好感。您说,您叫连山,姓王,字有路,无号。先生您的一番自我介绍,让我对您产生了好奇。心想:"这位老师文绉绉的,还有字无号,倒有点文人雅士之风,弄不好是个怪老师。"

正式上课了,您真应了"弄不好",早自习不让我们读课文,却让我们背唐诗宋词;第一次作业不是写作文,而是上缴书法作品……也许,这一切同学们还没适应,于是有人向校领导反映您不务正业、误人子弟。您听后,微微一笑,我行我素,甚至变本加厉,让我们上课听配乐诗朗诵。演课本剧、唇来舌往开辩论会……

于是，我们在对您的失望中结识了飘逸的李白、沉郁的杜甫、豪迈的东坡；在对您的不满中，渐渐羡慕并模仿您的出口成章和潇洒流利的板书。当我们的语文成绩取得六郊县统考第一的时候，我们才明白了您的良苦用心。

在您的循循善诱下，我们改变了老师讲学生听的传统方法，使原来枯燥的语文课变得活泼有趣。我们在接受您授课的同时也了解了您的为人。您经常把我们领到您的住室，有时给我们讲授道理，有时和我们谈天论地。在我志满时，给我善意的提醒；在我烦闷时，教我豁达地面对。是您把书房的门打开，让我这个乡下的孩子知道了《追忆似水流年》《飘》《复活》《巴黎圣母院》……也是您让我神交了诗国的宝剑、决斗而死的普希金，英国的骄傲说不尽的莎士比亚，大胡子的普罗米修斯，大声呐喊而又常常寂寞的鲁迅，还有遥远的屈原与司马迁，柏拉图与亚里士多德……

同学们笑称我是您的得意门生，我没有谦虚地否认，因为您对我确实倾注了太多太多。其实，您又对谁倾注得不多呢？原想这一切会伴我一直考上大学，可没想高二结束因县里高中布局调整，我被分配到县城的实验高中读高三。当我最后一次走进您的住室，我听到了您这样的教诲："明年上高三，要努力，不要让老师失望。"

为了不让老师失望，我在实验高中的学习真的犹如神助，成绩在文科班一直位居前列，在高三多篇习作在县报、市报、省报发表。后来高考，您教过的学生考取了我们县文史类有史以来的最好成绩。

现在身处南国的我，与先生您相隔遥遥千里，相见甚难，但先生的教诲、牵挂与关怀却令我时时难以忘怀。如今我就像那首歌唱的那样：长大后，我就成了您。我一直努力，让自己成为一名优秀的语文老师。在教师节来临之际，借这篇小文表达对先生的敬仰和怀念，同时也祝福所有教过我的老师节日快乐！

# 罗易老师

第一次知道罗易老师是在大学的教材里,并且不止一本。

一本是顾兴义教授编著的《写作教程》,在"教案写作"一章中提供了三篇例文:于漪老师执教的《春》,罗易老师执教的《狼》和《写一篇借景抒情记叙文》。

一本是我们的教学法教材,在作文教学一章,收录了罗易老师的一节课:罗老师去外地出差,在海边捡了好多贝壳、海螺。出差归来,他带着这些贝壳、海螺走进教室,让学生们看贝壳上浪花的印痕,听海螺里大海的声音,引导学生在观察和体验的基础上展开联想和想象,发现生活中的诗意和哲理。这是20世纪90年代初的一节作文课,即使现在来看,这样的写作教学理念和实践也毫不过时。

从此，我知道了广州有一位很牛的中学语文老师，他的名字叫罗易。

大学毕业后，我很荣幸地成了罗老师的同事。在见面前，我还一度担心他会不会很难接近，因为他在我心里是戴着很多光环的名人。第一次科组开会，我发现作为科组长的他一直笑呵呵的，很和善，很随意，后来又发现他的周围总是聚拢着一群年轻人，于是我一直担着的心终于放下了。那时罗老师刚好有两本新作出版，一本是他的课题成果《百位名人是我师》，一本是他的《高中必背课文钢笔字帖》。他赠书于我，书的扉页上是他的楷体字"丁之境老师雅正"，我顿时有受宠若惊之感。罗易老师不仅仅是广东省著名的语文特级教师，还是省内著名的书法家，这是成为同事后才知道的。

在后来和罗老师的交往中，有几件事情，于他而言可能是寻常之举，于我却足以铭记终生。

2009年的暑假，我将填写好的高级职称申报材料拿给了罗老师，希望他能帮我把把关。材料给他后的第二天，我在学校值班。暑期的中午，阳光炙烤着操场上的塑胶跑道，白色的太阳光刺得人眼几乎睁不开。正在空调房享受清凉的我，听到了静寂空旷的校园里传来了敦厚而熟悉的声音："丁老师，丁老师，你在哪儿？"是罗老师，我赶紧走出去，把他迎了进来。罗老师脸上淌满了汗珠，后背已经湿透。不等我说话，他就坐下来拿出了我的申报材料，一项一项教我修改,大到如何突出自己的亮点,小到一个标点符号的使用。我听得很认真,但脑海中有一个疑问一直挥之不去:"罗老师怎么会知道我今天在学校值班的?"按道理,原本应该我登门求教的,没想到他会冒着夏日中午的酷热来找我,念及此,惭愧和感激自上而下,电流般贯通了我的全身。这是罗老师强大的人格魅力带给我的心灵冲击。后来和许多同事聊起这件事,才知道罗老师对很多同事都是如此,他在提携后进、引领青年教师发展上从来都是不遗余力的。

罗老师的书法作品风格独树一帜,每一幅作品都是艺术与哲理的巧妙融合。省内好些名校、寺院的凿石、牌匾、楹联的字都是他写的。"广东省国家级示范性普通高中"的金字匾额也是由他书写的。2010年春,我突然接到了罗老师的电话:"丁老师,学校初高中两个校区的每栋楼宇都要增挂楼名匾额,我想请语文科几位老师共同书写,我觉得你的字舒展飘逸,所以想邀你写几个字。"话筒这头的我还没听完罗老师的话,脸已红到了耳根,手心冒汗。罗老师见过我随手写的钢笔字,之前也多有鼓励,可他哪里知道我从未练过书法,从未临过帖啊,钢笔字也是野路子,实在难登大雅之堂。我在电话里如实地告诉了他,然后为了不辜负他的厚爱,我买了笔墨纸砚,买了名家字帖,开始了每晚半个小时的练字。可惜坚持了不到三个月,因自己的疏懒,浅尝辄止、半途而废了。至今想来,仍觉得愧对罗老师的这份殷切的期待。

接下来的日子里，罗老师的鼓励依然如影随形。

我的一篇散文在报纸上发表了，罗老师无意中看到，立即发短信给我："你今天发表的《和儿子的语文式闲聊》写得特好，诗意与科普通融，童趣与素养共生，且美且妙，可喜可贺！"其实我知道自己的文字并没有那么好，罗老师却用他那生花的妙笔，给予后辈温暖的鼓励和默默的帮助。

我一直想请罗老师给我的学生上一节书法课，但考虑到他工作异常繁忙，我犹豫了好久。有次在饭堂午餐，我们刚好坐在一起，我怀着惴惴不安的心情向罗老师提及了我的这个想法，没想到他爽快地答应了，没有丝毫的推托。在班上孩子热切的期盼中，罗老师很快就站在了我们班的讲台上。他笑眯眯地提出了第一个问题："孩子们，你们知道世界的中心在哪儿吗？"在孩子们纷纷举手说出自己的答案后，罗老师依然笑眯眯但眼神坚定地告诉孩子们："世界的中心就在我们自己的脚下，你们每个人都可能成为世界的中心。你们的名字很可能会是影响世界的名字，所以你们一定要写好自己的名字啊。"接着，他投影出了班上几个孩子作业封面上书写的名字，一一点评。这几个孩子的字字形各异、水平不一，但罗老师总能发掘出孩子书写的优点，并以这些名字的书写为例教给孩子们汉字书写的基本规律和方法。然后他指导每个孩子开始写好自己的名字，并逐一投影出来进行点评。整堂课笑声不断，掌声不断，在快乐的课堂上，孩子们把自己的名字写得越来越好。坐在教室后面听课的我，脑海里浮现出汪国真的那句诗："让我怎样感谢你，我原想收获一缕春风，你却给了我整个春天。"是啊，让我和我的学生怎样感谢您，罗老师？我们原本只想学到一点写字的方法，您却给了孩子们成为世界中心的远大理想。

  正是因为这堂课，班上的孩子们决定办班报时，他们第一个想到要找罗老师题写报名。怎样才能成功呢？学生主编决定草拟一封中国传统书信给罗老师，他在信中写道："今岁夏日，先生莅临吾班教授书法，'世界中心就在自己脚下'的教诲铭记于心，并时时激励我等向前……"书信草拟之后由班级擅长书法的同学誊抄，然后派班长亲自面呈罗老师。罗老师拿到信的当天就题写了报名，并且写了三款不同的。在罗老师的指点下，我让学生展开总结研究：为什么繁忙的罗老师会立即为同学们题写报名？为什么要写三款？同学们最终选哪一款，理由是什么？罗老师所题写的原件如何处理？这一教学活动后来被罗老师评价为"这是自主、合作、探究的明晰个案"。他解释说：学生立意找我写报名——自主；长于写文章者起草约请信，长于书法者抄写信文，长于交际者呈信面请，三人各施所长,并力成事——合作;第二天取到三款报名后,展开总结研究,并撰写成文——探究。我再次被罗老师的睿智和视野深深折服,他轻轻的点拨,精彩的提炼,为我的教学活动画了龙点了睛,把庸常变成了神奇。

曾见得罗老师创作并书写的一副对联——无极生太极,善缘出机缘。我终于明白,他为何总是那么真诚地帮助身边的每一个人。这是何等的大智慧、大境界!

单位的同事都喜欢称罗老师为"罗大师",我想,大师之"大"可能不仅仅在于他有辨识钟鼎尊彝、秦砖汉瓦的学识,更在于他崇高的做人境界和独特的人格魅力。

罗大师去年退休了,有更多时间在初中部的书法室里写字了,中午在饭堂用餐时经常能和他闲聊了,他还是一直笑眯眯的,远远就能听到他从未改变过的爽朗笑声。不知为什么,我觉得他越发慈眉善目,圆融通透,活力无限了。

能有这样一位智者时时在提点着我,这于我是多大的造化与幸运!

感谢我生命中遇到的罗大师!

## 您就坐在我面前

　　我很认真地回忆,一而再再而三地回忆,但仍记不起我是怎么开始关注您的博客的。只记得,在点开的刹那,您的文字便吸引了我,一篇篇读下去,很快就是一个下午。心里默叹:这是一个多么有才情的男子,这是一个多么诗意的语文老师啊!

　　人天生就是好奇的动物,我也未能免俗,所以暂时从您的文字里抽离,开始搜索关于您个人的信息:肖培东,新生代中学语文名师、浙江省最年轻的特级教师、温州市肖培东语文名师工作室主持人、语文泰斗钱梦龙的关门弟子!然后就是点击您博客上的图片集:侧颜望天的那张有些诗意,叉腰倚墙的那张有些调皮,扶镜凭栏的那张有些可爱⋯⋯然后,我发现您的衬衫基本是直领的,您喜欢在脖子上或系或围一条围巾。这些照片直接摧毁了我对特级教师的认知，他们不应该是正襟危坐一脸庄严的吗？但转瞬一想，培东首先是书生，然后才是特级教师，书生不就应该是玉树临风、潇洒倜傥的吗？

接下来的日子里，点击您的博客阅读您的文章成了我的每日必做，但从未在上面留下只言片语，尽管我已经在向越来越多的老师推荐您的博客，而且不仅仅是语文老师。我校的一位历史老师在学校组织的业务学习中，竟然向全校教师推荐了您的博客——我们的语文。

我偶尔也会想，什么时候能听一节肖培东的语文课呢？

没想到梦想成真会这么快！不仅这么快而且还这么近！在我校的礼堂里，我坐在第一排，您坐在嘉宾席，您就坐在我面前，我们之间只有二三十厘米的距离。您仍穿着那件直领的黑色衬衫，脸上还是那个黑框眼镜。我旁边的一位美女老师小声地说："怎么和博客首页上的照片不太一样啊？"

确实，如果认真地去看您的五官，再去对比王君老师的描摹："若干年后得见高人肖培东，第一面就惊呼天人……江南才子，儒雅温婉，举手投足之间全如永嘉山水，楠溪风致……"我真心觉得王君的句子有些夸张了。

但从您站在孩子们面前，开始了您的《走一步，再走一步》的教学的那一刻起,我也想惊呼天人了。这哪是一节普通的语文课,分明就是一位儒雅温婉的江南才子和一群聪颖可爱的岭南稚子共同写就的一篇精美的散文!

这篇散文的题目就叫:我们的语文。

这篇散文是这样开篇的:"我不喜欢刚才主持人说的'今天配合肖老师上课的是……'这句话中的'配合'一词,因为你们才是课堂真正的主人。"这样的开头真棒!公开课不是教师自我展示的舞台,它应是孩子们生长的地方。语文课,应是我们的,而不是你的或者我的。

入题之后是这样承接的:拿到一篇新课文,首先要干什么?随意地问,孩子们随便地说。对话就这样开始了,学法指导就这样渗入其中了。孩子们说得差不多了,您顺着孩子们的意思做了明确:要读课文,读之前要先认识生字词。先请同学们把课文注释中的词语读两遍,然后问学生一些易错字的偏旁是什么?为什么是这个偏旁?在这简单的一问一答中,孩子们对几个字的写法和理解由模糊到逐渐清晰。为了进一步巩固,让学生再读再记。这不就是我们传统的语文吗?很多公开课早已不见了字词教学的影子,只是因为它是很难出彩的。我为您这样智慧又扎实的字词教学喝彩!

文章主体部分是这样展开的:让孩子们看单元提示,然后按照单元提示的阅读方法默读，边读边画边思考：课文讲了一个怎样的故事？用简洁的语言概括出来。第一个孩子没有讲到结果，第二个孩子没有关注经过，第三个孩子完整概括。您说：这就是走一步，再走一步啊。整体感知后，由课文第一句话中的"闷热"一词巧妙切入到这篇文章个性化的语言特点——人物心理描写的品读中，一个一个句子地读，一个一个词语地品，一个一个标点地析，有个别读，有集体读，有生生、师生分角色模拟对话读。在品读中，多个不敢举手的孩子被您主动点起来，先回答简单的，再回答稍难的，最后都读出了文本的精彩。您又说：这就是走一步，再走一步啊。课堂上的孩子们已渐入佳境，课堂也已渐入高潮，您让孩子们齐读课文的最后几句话："我提醒自己，不要想着远在下面的岩石，而要着眼于那最初的一小步，走了这一步再走下一步，直到抵达我所要到的地方……"然后您点出PPT：我提醒自己，＿＿＿＿＿＿（把"我"换成文中的父亲、母亲、杰利、离开我的伙伴，他们会提醒自己什么。）在孩子们精彩的生成中，您说：由词、句、文本，最后直抵文本的主旨，这就是语文学习的走一步，再走一步啊。这是何等的匠心独运啊！用课文的标题为线索，巧妙地串起了整堂课，您用最本色最传统的语文教学方法带着孩子们一次一次在课文的言语间游弋穿梭，一直潜伏到语言文字的背后，发现了文字背后的那个绮丽无比美妙难言的世界!

　　文章是这样结束的——您问一个孩子："头晕目眩的'眩'字是什么旁?"孩子大声自信地答:"目字旁。" 您说:"祝贺你答对了。下课!"这样的结束简直太美妙了,它就像《口技》的结尾"一人、一桌、一椅、一扇、一抚尺而已",它就像《安塞腰鼓》的结尾"耳畔是一声渺远的鸡啼"……它是那样的首尾圆合,它是那样的举重若轻,它是那样的余音绕梁……您上课的时候,几百人的会场只能听到您和孩子对话的声音,此时如梦方醒的听课老师送出了他们最热烈的掌声和最真诚的敬意。

　　课间休息的时候,一群群的"东"粉排着队要和您合影,我仍在犹豫要不要上前和您讲几句话,但几次站起又坐下。我不是一个很爱表现自己的人,从小就害怕和陌生人说话,再说那么多人围着您,我又能和您说什么呢?在我踌躇未决时,第三节课开始了,我听到您小声对工作人员说,您要赶下午两点的飞机,所以准备先行离场了。然后,您把我的徒弟,一个25岁刚刚走上讲台不到两年的年轻人,一个在您前面刚刚上完第一节课的青年教师叫到您旁边轻声地交谈细心地指导着。这不是大会组织者交给您的任务,没人让您这么做,但您就是那么自然那么温和那么真挚地向一位年轻人招招手,示意他坐在您的身边,因为这就是我们的语文,语文是我们的。我此时毫不犹豫地走到前面，拍下了您指导年轻的只有一面之缘的科良老师的画面，然后我也坐在您旁边，让科良老师拍下了我和您。您要离场了，我把写下自己名字和电话的一张纸条递给了您。

于是，就有了语文人的交流。

夜了，我开始读起您今天的文章。

您在摇摇晃晃的公交车上给我发来了候机时整理的文章：《"乐"字从何说？——广东实验中学听〈记承天寺夜游〉》。文章有不厌其烦地对年轻的科良老师的鼓励和点赞，但更宝贵的是对这节课高屋建瓴的指导和引领。在您的文字里我读出了什么是对语文发自内心的爱，我读出了什么是大师的风范，我更深深读懂了您的博客名——"我们的语文"的真正内涵。

今天早上，您就坐在我面前，我却觉得您很远，因为我心里只是把您当作教师队伍里的明星，只能远远地眺望。

今天晚上，您已在千里之外的江南，我却觉得您很近，因为我心里已把您当作兄长，更把我们都当作热爱语文的人群里的一员，可以轻松地交流。

其实，我早就应该知道您从未在高高的云端。

都是语文人！

# 我的班级

我的班级和现在孩子们的班级相比，似乎是乏善可陈的。

先从我的小学说起。我的小学建在村子最高的丘陵之上，丘陵不高，其顶部天然形成一个椭圆形的平面。村里人便在椭圆的北头建了三排红瓦房，一排两间，共六间教室。我们那时还是五年制，一个年级一间，剩下一间做了老师办公室。椭圆的剩余面积便是我们的操场，操场上没有塑胶跑道，长满了紧贴地面的扒根草，还开着五颜六色的未名野花。学校小，一个年级只有一个班，印象中一年到头，学校都没组织过什么活动，所以我的记忆里似乎只有自己的班级，和那被称为操场的草地。上语文课的时候，老师总喜欢让我们进行分角色朗读，一群乡下的孩子在朗读声里，把自己当成了书里的王子和公主。单元学习结束了,老师是不出试卷的,他把成绩相近的两个安排在一起,让我们各自命一份测验题看谁能难倒谁,老师还煞有介事地把我们 PK 的成绩登在教室高高的墙壁上。我和我的伙伴最喜欢的事,是每天放学后到老师办公室进行口头作文,随便说,说完了跟着老师一起回家,他有自行车,推着不骑。山上的狗尾巴草还有师生行走聊天的剪影,映进了那轮橘黄的落日里。我小学的班级也许是朴素和单调的,但她给了我心灵的自由和幸福的感受。

  初中到了离家七八里远的另一个村子,学校也建在一个高高的土塬上,冬天北风的呼啸声似乎特别的尖利。初中的校园大了一点,一个年级终于变成了两个班,教学楼变成了三排。离家远了,我们只能住校,晚上还要上晚自习。那时停电似乎是很平常的,我们最喜欢电灯突然熄灭时,黑暗中一些调皮同学的尖叫和大部分同学看似抱怨实则享受的哀叹声。短暂的喧嚣后,每个课桌上便亮起了摇曳的烛光。冬天的烛光还可以增添温暖,夏天的烛光里温度应该不低,但我们都在静静地做着题或者写着当天的日记,一直到现在,我都回忆不起来我们是否曾经汗流浃背过。每个晚自习的最后是我们班固定的唱歌时间,刚刚毕业的班主任带着我们唱热播电视剧的主题曲,隔壁班的老师喜欢唱民族歌曲,一边唱一边拉着手风琴。不知为何，那时的老师似乎都是多才多艺的。歌唱完了，我们便愉快地回寝室，一块分享从家里带来的馒头、饼子和各种小咸菜，似乎那是人世间最好吃的美味。我的初中班级记忆跳动在课桌上那一支支闪烁的烛光里，也许有些艰苦，但她培养了我吃苦耐劳的品格和对文学艺术的初步敏感。

　　高中的班级活动比小学和初中时丰富了好多。每天下午的预备铃响起，班上最漂亮的女文娱委员便带领全班唱歌，不管什么风格的歌曲，我们男生都可以唱得气壮山河、歇斯底里。晚自习结束前的最后十五分钟是学校安排的读报时间，可我们班有一个男生总是自告奋勇地上去给我们讲评书《西游记》，他所谓的评书其实毫无美感，他怪异而认真的样子和声音让我们笑出了眼泪，但老师和同学没有人嘲笑和阻止他，他的评书陪伴了我们整整一个学期，一直到他自己意识到他是不擅长讲评书的时候为止。我的班级愿意为每一个成员哪怕有些拙劣的梦想护航。我们最期待的是每年元旦前的班级新年联欢，早早地就开始征集节目、挑选主持人、撰写节目串词。当天下午放学后，大家留下来布置教室，灯管上缠上了各色丝带，玻璃上贴上了窗花……除了这些活动，我印象更深的是同学们之间疯狂的阅读。我们随便读，读诗歌、读散文、读小说，课后读，有时上语文课我也在偷偷读，老师发现了总是罚我第二天早上给他背一首宋词,他用漂亮的行书写在黑板上。黑板上那些清辞丽句还有行云流水的字迹,深深刻在了一个少年的脑海里。

不知道为什么,我的这些乏善可陈的班级一经提起就再也刹不住车了。那些沉淀在记忆深处最美好的人和事总是和我的班级有关,那是我成长于斯,变化于斯的集体时空和永恒的记忆。著名的教育专家魏书生在他的《班主任工作漫谈》中说:"班级、班集体,孩子们生于斯,长于斯,变化于斯。在其中时,关心她,爱护她,为她吃苦,为她的荣誉奋斗。离开她后,留恋她,想念她,回忆她,魂牵梦绕见到她……这怀念的感情经过滚滚滔滔的时间长河的冲刷,非但没有消失,反倒经年累月,越积越深。许多人愈到老年、晚年,对其思之愈切,念之愈深。"我深以为然,我怀念我每个求学阶段的班级,我怀念那些陪伴我成长的每一个人。

当我开始喜欢回忆的时候,儿子已渐渐长大。他也开始有了自己的班级,他的班级有整洁的环境、先进的设备、丰富的图书、精彩纷呈的活动,当然更有喜欢他的老师和同学。儿子每天回到家,第一件事一定是和我分享他的班级故事,那些人、那些事、那间小小的教室正渐渐成为儿子的爱恋、牵挂、信任和依靠。从儿子那里,我知道当班级里的每一个孩子都感到愉悦、尊重、振奋、自豪的时候,这个班集体无疑就是最成功的和最优秀的。

很幸运,我和我的儿子都拥有这样的班级,不仅是我们生命历程中一处美好的桃源风景,一个必不可少的心灵驿站,更是我们生命中奠基的夯石、动力的源泉。

## 流动在空气中的感动

外面的天阴沉沉的,冷空气又来了。但从中午开始我却觉得越来越温暖——心灵深处的暖和。

今天是郭老师在学校工作的最后一天,她将从明天开始离开校园,离开她钟爱的讲台去开始另外一种生活。为了不影响5班和11班孩子的学习,我和郭老师约好一定要保密,到这个学期最后一节课再告诉孩子们。今天是期末最后一天上学的日子,上午正常上课,下午是散学礼——年级的孩子们将以他们喜欢的文艺表演的形式开开心心结束本学期的学习生活。上午第五节课快结束的时候,我和何主任带着新来的语文老师到5班和11班宣布了郭老师要离开的消息,并向同学们提出了尽快适应新老师的希望和要求。

心灵的温暖便从此刻开始逐渐升温,这温暖首先是从孩子们得知消息后蓄满泪水的眼睛里溢出来的,一点一滴渗入我的心里。

中午放学了,我在校外意外遇到了5班的三个男孩子。这个时间应该是孩子们在学校午休的,在街上闲逛显然是违反了学校的纪律。我叫住了他们,本想批评他们的,可没等我开口,其中一个男孩子说:"级长,这附近有鲜花店吗?我们找了好久都没找到,我们想买一束花给郭老师。"我望着这三个莽莽撞撞一脸着急找鲜花店的男孩,心想这是多么美的一幅画面啊。也许孩子们连中午饭都没来得及吃吧,也许这是孩子们第一次买鲜花送人吧。我把批评的话收了回来,认真回忆了一下附近鲜花店的地址,告诉了他们。望着三个带着感恩之心穿行于大街小巷买鲜花的男孩的身影,我觉得生活真好,孩子们身上自然流露出的情感好美。如果郭老师知道了这一切,该会有怎样的感动?温暖如斯,作为师者,夫复何求?

感动还在流动,温暖继续蔓延。两点十分左右我走出办公室向体育馆走去,在二楼看到一楼有位11班的女孩拿着一部手机,学校三令五申学生是不允许带手机回校的。我下楼后径直走到女孩的面前,"请把手机交给我"。女孩显然没有预料到她带手机被老师发现了,一脸愕然接着是紧张。我昨天在班主任会上刚刚强调过要严格管理学生带手机回校的问题,这孩子真不巧,偏偏今天被我抓到了。在我强硬的态度下，女孩把手机交给了我。但在我要走的时候，女孩带着哭腔说："丁老师，能给我这一次机会吗？我们班的同学想唱一首歌给郭老师，但还有几个同学不会唱，我手机里保存有这首歌，我拿出来就是想给他们学唱歌的。"望着这个孩子的泪眼和脸上的渴望，我的心一下子被什么东西哽住了。我把手机还给了她，带着孩子们对我温暖的滋养向前走去。

下午散学礼上，舞台上的孩子个个都是那么多才多艺，有获国际金奖的舞蹈、合唱、弦乐、民乐，还有学生自编自演的魔术、小品、情景剧、歌曲串烧PK……台上台下个个脸上都洋溢着纯净明媚如初阳的微笑。节目换场时间到了，突然观众席上一阵骚动，只见5班和11班的孩子离开座位向舞台两侧走去。正惊奇间，负责这场文艺表演的老师走来向我解释说："5班和11班的学生一放学就来找老师，希望在全级的文艺表演中能唱一首歌给郭老师，因临时找不到您，没有来得及商量，我就同意了。"5班和11班一百多位孩子在我们说话间已经秩序井然地走上了舞台，每个人的位置显然是安排好的，每个人手里拿着一张打印好的歌词。在前排几个女孩的带领下，孩子们向着他们敬爱的郭老师唱道：

我想说其实你很好 你自己却不知道 真心地对我好

不要求回报 爱一个人希望他过更好

打从心里暖暖的　你比自己更重要

　　……

　　唱着唱着，孩子们的声音哽咽了；唱着唱着，孩子们涕泗横流了；唱着唱着，孩子们再也唱不下去了。台下的郭老师似乎已经哭出声，台下其他班的孩子也已经在流泪了，我和旁边的老师也在不断抹眼泪。我真的觉得这是我听到的最动听的歌声，这是最真切的心灵的吟唱。从孩子们知道郭老师要离开的消息到表演开始只有两个小时的时间，两个小时孩子们都做了什么：首先说服每个人都要上场，还要想办法上网下载歌词并印发给每个人，还要教那些不会唱的同学唱，还要排队形，还要吃中午饭……我难以想象这看起来几乎没办法完成的任务他们是怎样完成的。到了初三最后一个学期，在孩子们最关键的时刻换老师应该是大家都不想看到的，我原先还担心孩子们会埋怨郭老师，但没想到孩子们用歌声对老师说：爱一个人希望他过更好，他比自己更重要。这就是我们重情义、大度、懂得体谅人的孩子们！歌唱完了，孩子们个个红着眼睛走下舞台，台下响起了雷鸣般的掌声。

　　节目继续在上演，我却抑制不住自己想表达的欲望，拿起笔在纸上写下了以上的话。

　　文艺表演结束了，最后该我上去给全级的学生进行假期教育了。

我丢下自己早已准备好的讲话稿,把我这篇没有写完的文章读给孩子们听。我最后对学生们说:"我觉得今天的校园好美,因为校园的每一个角落甚至每一丝空气里都流淌着爱与感动,我为拥有这样的学生而骄傲,我为拥有这样的学生而幸福,我为这份爱与感动而备感温暖。我相信在座的每个同学都会安排好自己的寒假生活的,只是希望大家注意假期的安全,在下学期开开心心健健康康地回到学校回到老师身边来。"我讲话的时候,台下六百五十多名学生一点声音都没有,静静的像一片静谧的澄澈的湖。

后来,有同事给我说,这是她见过的最成功的道德教育和最成功的假期教育。同事的话引发了我的深思,教育是什么?我最真切的感受是"教育即生活"。这五个字,是美国著名教育家杜威教育思想中最为重要的一个命题。

## 追随先生从百草园到三味书屋

先生在生活最辗转流徙，人生最苦闷的时候，为了在纷扰中寻出一点闲静来，在暮色中，拾起一朵一朵带露的朝花，品味童年的芳香，这是何等的诗意与惆怅。

先生的文字似乎是不属于没有阅历的孩子们的。我在读中学的时候一样讨厌这样晦涩与深奥的文字，但做了老师之后，有了些许阅历之后，我开始想走近先生了，我开始喜欢先生的文字了，我开始喜欢教学生读先生的文字了。

为了更贴近先生，我跟随先生的文字与思想从百草园到三味书屋走了一遭。这就是先生的乐园——百草园，真的如先生所言是一个很小很小的园子。初入眼帘，叫人失望。这哪里是美丽神秘有趣的乐园啊？但仔细想想，这也许是先生童年时的物外之趣吧。

碧绿的菜畦依然碧绿，当年夏夜那个可爱烂漫的男孩应该会在此聆听油蛉蟋蟀们的浅吟低唱吧。

短短的泥墙根似乎也太矮了，当年的应该不是如许的模样吧。望着泥墙根，只能去想象童年的先生在此接连不断拔何首乌藤的执着与汗水，在此捉到斑蝥用手去按它的脊背"啪"的一声后的狂喜与尖叫。

这里就是三味书屋，因不得入内，时间又是黄昏，只好在拥挤不堪的人缝中拍下了一张角度不好的照片。色调自然是阴晦的，但这不会成为三味书屋压迫束缚先生当年童心的佐证。在这间小小的书屋里，读那些拗口难懂的书自然是无趣的，正如我们的学生天天要面对的课堂与作业，但我一直认为先生在三味书屋中的乐趣一定是多过不愉快的。毕竟这里有那么多的小伙伴，还有一个还算可爱的老师，还有书屋后院的那株蜡梅以及树上的蝉蜕，还有上课偷偷描绣像画的刺激与满足。这也正如我们的学生，天天喊着学校生活的辛苦和单调，但放假还没几天又嚷嚷着要回学校了。一个孩子眼中的书屋，一颗童心里的读书生活。

三味书屋后面的小院子，没有见到先生描述的那株蜡梅，树上更没有看到蝉蜕。游客们都挤在前院看三味书屋，后面的院子静悄悄的，真好，我静静地推门进来，闭上眼睛，耳畔竟传来了孩子们嬉闹的声音和"秩秩斯干，悠悠南山"的诵读声。

临走，拍下了一张静静的照片。

# 窗外

学生在写作文，百无聊赖的我，总喜欢望向讲台右边的窗外。

因为窗外有幅画。

教室在六楼。楼下围墙外长着一棵高大的人面子树，足有五层楼高，坐在六楼的教室里，可以平视树顶。树冠常年绿着，现在虽已是初冬，枝条上的羽状复叶还绿得油亮油亮，仔细看，叶柄上一边有七片叶，另一边是六片。据说这种树的果核上长有五个大小不一的眼，颇像人脸，所以这树便叫人面子树。像人脸的果子，从未捡拾过，所以未辨真假。

目光以这树为起点一直往前画直线，直线上是密不透风的各种树绿色的树顶，树下是社区内的一条人行道。左边是一排住宅楼，右边也是一排住宅楼。楼上几乎每家每户的门前阳台都养着各色的花，种着各种绿植。最喜欢的是右边住宅顶楼的那家，天台上植了一棵有些年头的双色簕杜鹃，树干有碗口粗，墨黑色，盘虬卧龙般，大部分枝条凌空悬垂，上面开着紫红和洁白的双色花，一下子点亮了五楼处暗绿的树顶和顶上灰蒙蒙的苍穹。从窗户望出去，绝对是一幅妙绝的画，怪不得钱钟书先生说："春天是该镶嵌在窗子里看的，好比画配了框子。"

不过窗框里镶嵌的何止是画？

让目光暂时离开直线，往左边看，穿过几栋方正且略显陈旧的住宅楼，可以看到一栋西式风格的建筑，墙体是鹅黄色的，勾勒着白边，屋顶半球形，涂成深灰色，那是旧中大校园的重要遗存——广东第一座天文台。四周高楼林立，原来高耸的可以眺望星空的天文台早已被弃用，但仰望星空的探索精神永远不会被废弃，一墙之隔的校园内的孩子每年都会捧回无数个天文竞赛的金奖和银奖。谁能说这些与这座将近百年的天文台没有关系呢？我们的目光如果可以透视，还可以看到天文台的隔壁，有一座二层高的红柱飞檐的古楼阁，上书三个大字"明远楼"。这是建于清康熙年间两广贡院的主考楼，康有为、梁启超、黄遵宪等岭南先贤就是从这座楼下的号棚里出发，走向了中国历史的中心。这些中华文明书写者的因子永久留在这个园子里,滋养着这里的万千学子,还有每家每户门口屋顶那一株株清雅的花。

目光再往右边看,住宅楼旁边杵着一栋庞大崭新的大楼,这是省立图书馆最新的一座书库。这栋楼太大太新了,从窗户看去让人觉得突兀和压抑。我清楚地记得,十二年前,我也是坐在这间教室里往外望,大楼的所在地块是一个古朴的四合院,白墙灰瓦,屋瓦上铺满了时光久远的青苔,院子里长着高大的树,开着奇异的花,四合院的院门不大,门楣木匾上镌刻着两个文气空灵的墨字"北斋",据说是曾经居于此的古文字学家、书法家商承祚先生的墨宝。历史很奇妙,商家父子都和这个园子有缘,商承祚先生的父亲商衍鎏就是在明远楼下通过了乡试,然后进京参加了清朝最后一次科举考试,中殿试一甲第三名,成为中国历史上"最后一个探花"。这北斋,是原中山大学的教师宿舍,很多学术大家在此院居住过。因为这些大家,这个园子的一砖一瓦,一草一木,甚至瓦缝里的一片青苔似乎都有着文雅的气质。可惜在各大媒体和多位政府参事的一段呼吁之后,北斋还是被拆除了。只在新建大楼冰冷的大理石墙壁上刻上了毫无生命力的"北斋"二字,后来的人,哪里还会知道北斋的故事?

我怀念那个古旧阴湿的院子和那些古旧阴湿的时光,可是历史的车轮总是在碾压着一切往前,车轮下的青砖瓦和瓦间苔藓般的生命,重新碎作灰土埋于地下。我只能用文字凭吊这逝去的美好，孩子们正在用笔写着他们眼中的窗外，他们对这段历史当然是一无所知的。等会儿，我要不要告诉他们北斋的故事？

脖子扭得太久了，不舒服，还是把目光收回来，回到窗外这条绿树连成的直线上，目光一直往前，在线的尽头是一座黄墙白边的塔楼，楼顶的旗杆指向苍穹。这是旧中大校园里的标志性建筑——中大钟楼。钟楼下面是国民党一大开会的礼堂，钟楼的二楼是鲁迅先生在中大任教时住过的宿舍，房间里面按照历史上曾经有过的样子陈设着各种家居用品，只是书桌上没有那盆放在清水里可以长叶的"水横枝"。历史，不管你是怎样用心，都是不能复原的。

历史和人已经把这个典雅的园子改造成了如今的模样，庆幸的是园子里还有明远楼、钟楼、天文台等遗存可以让人们去遥想去怀念去书写，更庆幸的是这个园子里一直都留存着学校，尽管现在的校园逼狭在过去园子的一角，但文脉得以延续，书香得以延绵。

原来窗外不仅有画，更有故事和历史。所以一个人静坐时，我喜欢望窗外。

那窗，不仅是建筑的眼，还是窗内人思想的眼。窗舍的是千秋雪，连的是万里意，窗是可以饮吸无穷时空、网罗山川大地的……

# 一个人的散步

老话说:"饭后走一走,活到九十九。"这"走一走",文雅一点的表述就是"散步"。散步有利消化,这在古书中还真有记载,元人伊世珍在其《琅嬛记》中曾摘引宋无名氏《采兰杂志》中的话:"古之老人,饭后必散步,欲摇动其身以消食也。"

我不是老人,更非古人,但我是很喜欢散步的,尤其是一个人的散步。

大学的时候,体重不到一百斤,属于怎么吃都不会胖的,所以散步绝对不是为了消食。那时喜欢散步,纯粹觉得这是件挺有情趣的事儿,如同夜间听雨、清晨看雪、午后喝茶般诗意浪漫。尤其是晚自习后,一个人在昏黄朦胧的灯光下,绕着操场漫无目的地一圈又一圈,身边不时有喘着气跑步的男青年,当然更多的是牵着手卿卿我我的校园恋人。渐渐地身边的一切似乎都不存在了,我的思绪开始纷飞,一会儿变成了白衣翩翩的玉面书生花园中吟诵诗篇,一会儿变成了衣袂飘飘的飒爽侠客屋顶上腾挪跳闪……现在想来,那时的自己还真不是一般的幼稚。但那种一个人散步的感觉还是很美好的,可以随便地想,随便地走,想走就走,想停就停,没有压力,不带功利,并且遐想的都是很美好的画面。

  大学毕业做了老师,从一个大校园走进了一个小校园,依然喜欢散步,但时间由晚上改到了中午。午饭后喜欢到操场绕着圈子走,虽然非常符合"饭后必散步"的古训,但主观上依然不是为了消食。我喜欢仰头看校园上空的一方蓝天,欣赏白云苍狗般的风云变幻;我喜欢闭眼嗅操场边上的白玉兰,向往兰心蕙质般的清雅脱俗。我喜欢站在那棵两百多年的古榕树下聆听风与叶的对话,我喜欢走到那株几十米长的使君子藤下仰望花与影的缠绵。但丰满的理想终究抵挡不住现实的骨感,风花雪月的浪漫还得让位于柴米油盐的平淡,渐渐地,我发现散步时脚在转圈,脑子却在想着怎样上课才会让学生更喜欢,怎样才能提高班级成绩,如何制服班上的那几个混世魔王……这时的散步,脑海里绝对不会再做年少轻狂翱翔太空畅游四方的白日梦。这也许就是成长的代价,我知道那个做着千古文人侠客梦的青年终于和我渐行渐远。

再到后来,我竟然不去散步了。原因是做老师久了,练就了一双火眼金睛,并且眼睛里绝对容不下一粒沙子。以这样的"患病"之身在操场散步,必然是边转圈边明察秋毫,随时发现随时纠正学生的不良行为,不主动和老师问好的要教育、在操场上吃零食喝饮料的要制止、随手丢垃圾的要批评……碰上个别不服管教的,还要大费周章伤肝动肺的,原本惬意地散步变成了心灵沉重的负担。于是索性不去散步了,吃完饭回到办公室改改作业、看看网页、写写短文,颇有点"躲进小楼成一统,管它春夏与秋冬"的逃避与无奈。

但在刚刚过去的2014年,我又开始了一个人的散步。一是身体原因,一向吃嘛嘛香的胃突然不舒服了,医生诊断后说,功能性消化不良,吃完饭后最好能走动二十来分钟。为了身体健康,我必须走出"小楼",走到阳光里。二是工作原因,新学期我分管学生行为规范、校园环境卫生等工作,我需要走出"小楼",走到学生中。两种因素使我逃无所逃遁无所遁。鲁迅曾说过,无穷的远方,无尽的人们,都与我有关。我知道,校园里每个学生的行为举止都将和我有关了,校园无小事,事事皆教育,原本惬意的散步将会随时被我的"职业病"打断。想想这是一件多么可怕的事情!于是,还没开始散步,焦虑和紧张就已无孔不入了。

值得庆幸的是，臆想中的可怕场面并没有出现。当我在操场转圈时，虽然有孩子漠视而过但也有主动问好的，虽然有孩子边走边吃零食但都能在我指出时赶紧认错……看来现实并没有我想象的那么糟糕。慢慢地，校园更加干净整洁，学生更加文明有礼。

又是一个阳光明媚的中午，虽已深冬，但南国的树依然葱茏碧绿。我漫步在红色的跑道上，绿色的足球场在阳光下更加明艳。操场一隅的三角梅开得正艳，使君子的绿藤伸向了蓝天，迎面走来一个个文明懂礼的少年……

原来一切的逃避都只不过是自己给自己画的一个圈，没有什么事情是不好的，没有什么是不能面对的。生活应当像这散步一样，随心所至，行于其所当行，止于其所当止，不急不恼，漫不经意间欣赏了路边的风景，享受了冥想的瞬间。凡事过程要努力，结果要释然，人生经历的一切，都是馈赠，都是成全。

人到中年，一个人的散步，除了消食，更是为了静心，在静思中收获人生的从容与坦然。

## 记忆中的年味

我记忆中的年是这样子的：

过年的时候似乎总是有雪，不管是多数人家的茅草屋顶还是少数几家的瓦屋顶都变成了白色，不同变成了相同，贫富暂时也远遁无形。各家各户门口、院子里的树都顶着一头白雪，在孩子们的眼里这大概就是玉树银花的样子。村外的田野，没有人踩过的痕迹，白雪是那样完整，野兔偶尔跑过的蹄印似乎也可忽略不计了。很快太阳就出来了，屋顶的雪开始融化，顺着屋檐的茅草或瓦片一滴一滴往下滴，整个村子都响着"啪嗒啪嗒"的声音，每家每户房前屋后的雪地上都出现了雪水滴落砸成的小圆坑连缀而成的虚线。来不及滴落的水珠很快便被凝固，不久就长成了晶莹剔透的冰凌，长短不一但又整整齐齐的一排挂在屋檐下,一律把尖尖的头朝下。这时再听雪滴坠落的声音,仿佛水晶竖琴弹奏出来的,纯净、清脆,仿若来自空中之城。化雪的日子虽然有阳光,但人体的感受是最冷的。父母在家里忙着蒸馒头、盘饺子馅、卤猪肉、炸丸子……我带着三个弟弟在村头村尾疯玩,用一个塑料板垫在屁股底下从高高的斜坡快速滑下来,全程带着快乐的尖叫;顺着田野里野兔的足迹去追野兔,棉鞋里全进了雪,棉衣里浸湿了汗,也还是一无所获;用竹竿把屋檐下的冰凌敲下来,拿在手上,含在嘴里吮吸,没有甜味更加没有奶油的香,但我们嚼得嘎嘣嘎嘣响,一直把手冻得红红的快要僵硬了才肯扔掉。弟弟被冻得哇哇大哭起来,我们才回去,等候妈妈的一阵责骂。挨骂时,我们站成一排,心里和眼角仍在咻咻地笑……

从五年级开始,每年的腊月二十八,我都要写春联,最初给自己家写,后来发展到给村里人写。对村里的绝大多数同龄人而言,五年级的结束意味着一生教育生涯的结束,绝大多数家庭是没有多余的钱供他们读中学的。之前家里的春联都是父亲去集市上买的,大概父亲觉得他小学即将读完的儿子在村里也算是个文化人了,所以不管我是否会写毛笔字,便要我负责给家里写春联。父亲买好了红纸、毛笔和墨水。我首先学会了折纸和裁纸,把一张张大红纸裁成需要的形状,然后再折成一个个方块字大小的模样。对联的内容自是不会拟的，好在每一家都有一本新的万年历，上面印有很多条春联的内容。我常写的印象中有"天增岁月人增寿，春满乾坤福满门""千家爆竹辞旧岁，万户灯火迎新春"等联。我家门多，门联要写十几副，写完门联还要写短联，贴在院子里的是"满院春光""天地人和"，贮存粮食那屋贴的是"五谷丰登"，牛马圈里要写"六畜兴旺"，厨房间的有些奇怪，要写"用电安全"。我没有练过书法，写的字自然不漂亮，但因为父命不能违，更主要的是要贴出去，还要贴几个月之久，为了自己的面子，只能用尽全力写得方方正正。第二年，我是村里同龄人中唯一上了初中的，成绩据说全乡排名第二。不知是不是这个原因，村里的几户人家也来找我写春联了，他们的态度极恳切，语气极恭敬，叫我推辞不得。这些叔伯堂兄胳肢窝里夹着红红绿绿的纸，踏着咯吱作响的白雪，叩响我家的木门，在他们和我父母聊天声中，我开始研磨写字。那墨香里的乡音构成了我记忆中永恒的年味。

提及年味免不了要唤醒味蕾的记忆。我老家，年夜饭是饺子，有"更岁交子"之意，但对孩子们而言，过年吃饺子实在乏味，所以孩子们最期待的是大年初一中午祭祖之后的吃大席。不过我最期待的是年初二的早餐。早上睁开眼，香味已钻入鼻尖。窑洞中间的地上放置一铁桶箍着红泥而成的火炉，炉里的木炭烧得正旺，炉上架着一口铁锅。铁锅里有卤熟的白肉、炸肉丸子、炸藕夹、蒸熟的焖子、白菜、蒜苗等各种杂菜,肥肉的油在铁锅上滋滋响着,诱人的香味飘散在窑洞的每个角落。炭火的红光映着父亲的脸,母亲正在大灶上烤馒头片,馒头片两边已经烤得焦黄,小麦的面香也弥散开来。我们弟兄几个便争先恐后地起床洗漱,然后围坐在泥炉旁,吃得满嘴油光发亮。母亲把烤好的馒头片一片一片递给我们,她笑意盈盈地看着我们,似乎从来没见她也来吃这美味的早餐。这窑洞里红泥火炉上热气腾腾的菜香还有父母温暖的笑意,是我脑海里最浓最浓的年味。

如今,家乡小洋楼林立,没有了茅屋瓦顶,就算下再大的雪,也找寻不到那份古朴的诗意;各家买的烫金对联让门庭熠熠闪光,却再也嗅不到那翰墨的香气;大家都用上燃气灶了,红泥火炉烤得焦香的馒头皮都风干成遥远的记忆。日子越过越好了,可是年味却越来越淡了,淡到过年似乎和一年当中任何一天没什么两样了。不管是城市还是农村,春节已然不存在了,似乎已经成为一个象征,一个寄托着传统和记忆的符号。

今天是大年初六,我在键盘上敲打这些文字,从四面八方迁徙回故乡的几亿人又要拿起行囊向四面八方流去,这巨大浩瀚的尤利西斯式的人口大迁移,为的只是过年。这样看,春节又似乎没有远去。

电视公益广告说：无论走得多远，我们都要回家过年。其实回家过年，更多的是为了寻找过去的记忆和安慰。写至此，想起了李商隐的那句诗"此情可待成追忆，只是当时已惘然"。春节也许更适合拿来回忆，所以回味中的年味最浓。

只是希望若干年后我们民族的春节记忆不要只留存于历史书页的缝隙里。

# 举手之间的冷与暖

## 一

那天清晨,我开车从车库出来,看到一位女士在空旷的路上狂奔。一百米外是公交小巴的站台,站台处停着一辆小巴士,看样子那位女士追逐的目标应该是它。这种小巴是这个城市为了解决公共交通出行"最后一公里"的问题而设置的,连接居民小区和地铁站、公交站点,高峰期十五分钟一班,如果错过了,就只能等下一班。狂奔的女子一身职业套装,背着一个双肩包,穿着高跟鞋,她用尽全力在跑,甚至鞋跟扭了一下,差点打了一个趔趄,也没减缓她奔跑的速度。她离小巴越来越近了,已经赶到车尾了,小巴似乎要启动了,但她也快接近车门了,我为她感到庆幸和高兴,看来她的奔跑没有白费。可她的手还没触碰到车门,小巴就开走了,站台上只剩下一个弯着腰喘气咳嗽的身影。

车内六岁的儿子显然也看到了这一幕:"爸爸,这是一个坏司机吗?"不想让单纯的儿子这么早就看到人性不美的一面,我努力为公交司机找理由开脱:"不是的,车辆启动了,为了乘客们的安全,司机叔叔是不能停下来的。""可是,上次姥姥送我上幼儿园,我们也在追小巴士,那位叔叔怎么停下来等我们了?"听出了儿子纯真声音里的困惑,我只好含混其词了:"可能是叔叔看你太小了,就破例等你了。"

儿子没再接我的话,小孩子的兴趣总是很快就转移的。但我在心里默念着:"儿子,等你稍微再大些,我一定要告诉你:今天的公交司机不能说坏,但面对一路狂奔且已赶上的乘客,开走的冷漠,等待的温暖,两位司机用刹车的放与点传递了人情的冷与暖,冷暖之间彰显着灵魂的高贵与卑贱。"

## 二

那天中午,我在学校饭堂门口值班。旁边是装剩饭剩菜的潲水桶和装各种食品包装袋的垃圾桶。两位刚用完餐的高年级男生从餐厅里出来，其中一位边走边用纸巾擦着嘴，然后习惯性地把纸巾抛向敞着口的垃圾桶。我看着纸巾在空中划出了一道白弧线，可惜差了一点点，擦着桶壁落在了地面。

正和同伴兴奋谈论着的投掷者显然也发现了自己投掷的失败，可惜他并没有停下自己的脚步弯下自己的腰身，而是毫不在意熟视无睹往前走。我正要叫住他，但话还没出唇，一个正好经过的低年级男生弯腰捡起纸巾放入了垃圾桶，这位男生捡纸巾的动作是那样的自然那样的本然，他刚好经过，他刚好看到，他想都没想就下意识地完成了对他而言似乎平常而在我看来却是那么优雅那么高贵的动作。一个丢，一个捡，丢的习以为常，捡的自然而然，一个让人觉得冷，一个给人带来暖。

## 三

那天晚上，我正陪儿子在客厅看《哈利·波特》。家里的非可视对讲机突然响了，家里人都在，谁会按门铃啊？因为之前出现过好几次喝醉酒的人按错门铃的事，所以我带着愠色按了通话键："谁呀？"语气显然是不耐烦的。"你好，是1701房吗？我是701的，你们家的一张汇款单放到我家的信箱里了。我现在给您送上去。"还没等我回话,通话结束了。

我对妻子说:"会不会是个骗子啊?没有人给我汇款啊。上次隔壁小王就被人冒充居委工作人员发放灭蚊片给骗了四百元,等下一定要警觉些。"

轻轻的敲门声响起,打开门,门外站着的是一位面容姣好、穿着考究、气质高雅的女士:"可能是邮递员看漏了1字,所以投到了我家的邮箱。您看看这是不是您的?"我接过汇款单,原来是稿费单,时间有点久,我已经忘记这回事了。在我一连串的"谢谢"声中,她转身离去。她其实完全可以放在楼下的值班岗或者直接投进我家的邮箱的,但为了确保汇款单不再出任何差池,她选择了亲自交给我。想想自己刚才自以为聪明的警觉,我越发觉得她离去的身影很优雅很高贵。

在城市小区里,人们用钢筋水泥墙、防盗门、防盗网筑起隐私空间的同时,也使邻居成了最熟悉的陌生人,冷漠竟然成了城市的一种病。感谢我同楼的这位邻居,她用农耕社会里最普通而现在却极其珍贵的"邻里守望"让我重新感受到了"邻里情"的暖。

世情冷暖,常常就在举手投足间。等候老人与孩子的司机、捡拾地上纸巾的少年、主动送汇款单的女士,在不经意间用自己的暖化去了生活中的寒,用行动诠释了大爱无声、大美无言……

## 凭栏聆风语

这几个月身心疲累，在我乱得焦头烂额之际，紧急的出差任务又把我周五、周六、周日侵占了。虽然我一直很向往西安这座古城，因为这里曾有的大唐气象，但我计划中的行程是从容而舒缓的，它应该是大唐仕女图中那飘飞宛转的丝带，它应该是太白字里行间的浅酌低吟。匆忙的出行，又带着繁重的任务，没想到我计划已久的忆长安是这样开始的。从咸阳机场坐大巴进西安，驶离高速，便是灰尘满布的破旧印象，这哪是我心目中的长安啊。

车子继续前行，不经意间抬头：一座厚重威严无声的青色城门——安定门横亘在车子的前方。车子沿着城楼一侧绕行而过，城门之内赫然出现的却是另一个世界：清一色古香古色的建筑、干净宽阔的马路、繁华热闹的市井图景。原来真正的长安城是一定要进城门才能识其真颜的，不管是古代还是现在。

很巧，住的地方就在曲江旅游区，到大雁塔只需步行十分钟。在初冬的夕阳余晖笼罩中，方形锥体土黄色的大雁塔更加庄严古朴、气势恢宏。大雁塔之名不只在于其雄伟独特的建筑形式，更多是因为"玄奘取经"的故事。在登塔之前，我认真欣赏了玄奘三藏院里关于玄奘一生的精美木雕，在这雕刻的一笔一画中探寻玄奘献身佛法、执着西行、光辉灿烂的开拓一生。玄奘的意义在于佛学的传播、在于外交的开拓、在于旅者的探索……但于我而言，玄奘的意义更在于他的一生启迪了吴承恩的异想天开，成就了一个奇幻无比的神话世界。尽管《西游记》中的唐僧与玄奘已经面目全非，但没有玄奘这样求法的英雄很难想象会有《西游记》的诞生。

玄奘无意中成就了一部家喻户晓的神话小说，他也无意中留下了享誉海内外的一座名塔——大雁塔。据史料记载，大雁塔始建于公元652年，是慈恩寺的第一任主持方丈玄奘法师自天竺国归来后，为了供奉和储藏梵文经典和佛像舍利等物亲自设计并督造而成的。现塔内还有唐高宗和唐太宗御笔亲书的《大唐三藏圣教序碑》和《述三藏圣教序记碑》为证。带着对玄奘的崇敬之情，我开始虔诚地登临大雁塔。大雁塔是一座楼阁式砖塔，塔通高六十四点五米，塔身为七层,由下而上按比例递减。沿着塔内的木梯盘登而上,每层都有佛宝可供瞻仰,每层的四面都各有一个拱圈门洞,可以凭栏远眺。登临第七层,远望西安城,只见马路宽阔笔直、社区方正整齐,在初冬黄绿树木的掩映下,那个物阜民丰、繁华如梦的大唐长安城似乎就在眼前就在脚底。

斜靠着大雁塔顶层的栏杆,塔下三藏院里传来了清净的佛音。平和舒缓的乐声荡漾在这千年古刹的上空,荡涤着我的心胸,顿觉脑净如洗,身心轻松,这段时间工作与学习带来的疲惫瞬间全无影踪。我不由得想起了这样的诗句:"临高望景倾佛音,宝塔释怀聆风语。"在这一刻,我是幸福的。能从繁繁纷扰的生活中暂时抽身而出,来到这没有熙熙攘攘人群的庙宇中,登临佛塔凭栏倾听这足以清净心灵的法雨,这是何等的机缘与快意。

据说大雁塔每年都会向西北方向倾斜一毫米的。走出大慈恩寺的大门,转身回望大雁塔,发现塔身真的是向西北倾斜的。为什么偏偏是向西北呢,难道冥冥之中这座砖塔也在凭吊追随那位伟大的西行者吗?

我愿意相信这是塔西斜的唯一理由!

向所有书写文明的灵魂致敬!

向所有抚慰心灵的智者致敬!

# 巫山观云

除却巫山不是云。

所以要看云,还须到巫山去。

据说巫山观云,最好的时机是雨后的清晨。可惜我是在雨后第二天傍晚到的,不过在夜幕降临前还是瞥见了一点巫山云雨的尾巴。站在长江边的宁江路上远眺,对面青葱的山峰连绵不断,山顶峡谷间浮游着团团白色的烟岚,山尖在云雾里时隐时现。云雾轻盈的白点缀着大山厚重的青,再加上爽爽的23℃的气温,真若仙境了。

最惬意的观云,是第二天早上驱车到巫山县城最高处。巫山是山城,若不怕累,从江边沿着神女大道的台阶往上爬,可一直到城巅。原以为到城巅便可"一览众山小",结果是我太低估三峡的山了。

站在县城最高点，抬眼望去，青山后面还有起伏连绵的更高的山。那天，阳光明媚，天空湛蓝，在蓝色的天空上飘浮着朵朵白云，有些云密有些云疏，没有风，云也就静静地待在那儿。天上的白云下面是山间的白云，低处的云更浓更白，是山中的飞到了天上还是天上的沉到了山里，搞不清楚。近处的云似轻纱，所以圆润似乳的山头可探头挺立，远处的云如白帐，山峰裹藏不见而不得其形了。这样的时空里，最适宜的是发呆，躺在那里，最好有一把躺椅，不对，应该是一个草垛或者干脆是一片草地。嗅着干草或者青草的香，眼睛的上方是形态各异的纯白云朵，离自己那么近，似乎伸手可以触摸，离自己又是那么远，怎么够也够不着。看累了，就闭上眼冥思遐想一会儿，好好回味与巫山云的邂逅。在最适合看云的地方，我珍惜与头顶的手边的远处山间的每一朵白云的邂逅。

最诗意的观云，是行舟巫峡。现今的五十里巫峡，行舟已无古时的洪流急湍，但依然可见高山耸立、悬崖迫人、江面渐窄的景致。船顺江而下，江风徐来，带走酷热带来清凉。站立船头，衣袂飘飞，神清气爽，一江碧水迂回向前，两岸青山排闼而来，山形或雄壮或秀美，山峰顶端白云缭绕，山色云影相互衬托，幻化成各色人物各种景致供游人想象猜测。江面狭窄处，自船面仰望，只见一条细蓝，望之如带，那便是巫峡的天空。座座青山又如重门洞开，打开一扇门，便见一幅景，如此连续，画轴不断，景致常新，正如太白描述那般"疑是天边十二峰，飞入君家彩屏里"。行至那江面开阔处，岸上有茂林修竹，山上有粉墙黛瓦，水上有横舟撒网，再抬眼望去，晴空如洗，白云如练，远山层叠，重重如画，层层似屏。行至巫峡最美的神女峰，停楫揽船上岸，攀上神女对面的青石村，于观景台上一览神女风姿。有人说巫山云雨的景致尽在神女峰，而神女峰的景致尽在云雨时，云烟缭绕峰顶，神女峰就像披上了一层缥缈的薄纱，欲说还休中显得脉脉含情、妩媚动人。很遗憾，此时却是晴空，没有云雾霭霭，只有天蓝云白山青水碧，对面的神女端凝而立耸入青空，青丝步摇之处有白云片片，映衬得神女眉宇之间无哀怨之色，反而是明眸善睐风姿绰约。此情此景，确如南宋诗人陆游描述的那样："天宇晴霁，唯神女峰上有白云数片，如鸾鹤翔舞徘徊，久之不散。"

巫山观云尽兴中幸好还留有未识云雨神女变幻迷离之美的遗憾，而遗憾却可能成为下次再来的一个理由。要走的那天早上，我起得很早，一个人漫步到江边，太阳已在山后发出光芒，在将启的天幕上，在朦胧的清雾里，远山的轮廓和近水的波光竟成了一幅绝美的水墨丹青，认真看，天山相接处依然有一朵悠然的白云。

"山中何所有，岭上多白云。"我挥一挥衣袖，不敢奢望带走一片云彩。

## 丽江的醒来是晚上

丽江古城的醒来,原来是在晚上。夜幕还没降临,四方街附近的酒吧、餐馆里便响起了震耳欲聋的歌舞声。每个街巷都是摩肩接踵,甚至留滞不前的人流,喧嚣、嘈杂、拥挤。我不喜欢这时的古城。

朋友推荐说,丽江附近还有未商业化的古镇,可以去看看。相信朋友推荐的那个古镇一定是很清静的,但我还是谢绝了友人的好意,理由是我要在庸常里发现诗意。所以,很固执地住进了古城里的一个客栈,我要找我想要的。

第二天一大早,我轻轻推开了客栈的后门,昨晚的喧嚣似乎是一场没有印痕的梦。此时,住在古城中的人未醒,外面的游客未到,所以清晨的古城是酣睡的。花石板的街道寂寂,各家的木门紧掩,门口的三角梅和大丽花在无声地开放。我拾级而上,寂寞的石街上只有我细细的跫音响起。凹凸不平的石头路面因千千万万次的踩踏而有些光滑,向上延伸的石街拐角处总有一簇茂盛的花或者一株高大的树,花也无言,树也无言,我也无言,正如这寂静的花石街道。来到古城最高处,仍是我一人,黛瓦飞檐的屋顶就从我眼前一层层往远处铺陈,铺出了一座巍巍城池,并与远处的青山和白雾连成了一片。在这弥漫着轻雾的清晨,整个古城似乎是属于我的,我似乎也是属于古城的。天地有大美而不言,无言便是诗,诗意的句子就这样无端地从心里流出:石街寂寂,跫音细细,游鱼似的人儿还未流入,古城惺忪的双眸里,我成了你的唯一。喧嚣的古城也可以把静谧和诗意给我,只是这有点像爱情,要在对的时间遇见对的人。

中午时分,古城的人流开始多起来,早晨的雾气也终于变成了雨滴,游人大多躲进了店铺,街巷中流动着的是三三两两的红衣蓝伞。我坐在餐馆二楼的窗边发呆。视线的最远处是狮子山上的万古楼,然后是山上的绿树和层层的屋顶,接着是两个屋檐组成的三角形的阴郁的天,最近处是屋檐上一滴一滴晶莹的雨点。雨水越来越大,断断续续的雨点成了线,成了珠帘。再看楼下的屋顶,青瓦绿苔,古意盎然。"帘外雨潺潺,乡梦阑珊",不是春天,心里长出的诗句自然不是"春意阑珊",而是古典的乡愁。稍微有点热闹的古城似乎也没那么让人讨厌，一滴雨，一丝雨线，一方青屋瓦，一处发呆的闲情，这不正是我想要的吗？"问君何能尔，心远地自偏。"何况，这还不是车马喧的闹市。喧嚣的古城也可以把悠然和诗意给我，诗意的生活不在外部，而在内心。

那最热闹的傍晚呢？我的选择是逃离四方街酒吧劲爆的重金属音，一直往狮子山方向走，寻找一家视野极开阔的餐馆，最好是能俯瞰整个古城，能够远眺雪山的。在这样的地方，听着吧台里歌者舒缓忧郁的歌声，吃着香辣浓郁的烤鱼，望着层层叠叠的黛瓦顶，以及远处的雪山，还有远山上的那朵白云……"多少年以后，往事随云走，那纷飞的冰雪容不下那温柔，这一生一世，这时间太少……"不知为何，这熟悉的温柔舒缓的歌声在此环境下竟让我泪流满面，这歌咏的何止是爱情，歌声里有永恒的孤独和极致的沧桑。在这歌声里，在这暮云卷雨山娟娟的古城高台上，一副联语"春风大雅能容物，秋水文章不染尘"映入眼帘。冥冥之中，似乎是巧合，喧嚣的古城最终用这副对联点化了我，染尘的经常是自己的心灵，逼狭的经常是自己的胸怀。当我们在抱怨世界的喧嚣时，很可能是因为我们没有春风秋水般的大雅和纯净。

我似乎开始喜欢上这暮色苍茫的古城了，喧嚣是他人的，安静是我自己的。我找到了我自己想要的，在一个喧嚣的世界里寻找一份诗意，努力做一个安静的自己。

# 流淌的心音
## ——旅途杂感

故乡成了他乡,他乡成了故乡。不知为何,回乡的前一晚,他竟会一夜难眠。

返乡的高铁开动了,窗外的树木、房屋、桥梁、鱼塘飞速地向后跑,跑得那么快那么急,正如他此时北归的心情。

很快便可看见连绵的青山了,山多但不高,还不是当年苏子东坡翻越的五岭,但应该被居士用诗脚词调丈量过吟咏过。当东坡翻过重重五岭,穿越层层雾瘴,看到南粤明媚的山水时,他阴郁苦闷的心情一定是明媚欢喜的,否则他怎会吟出"岭南万户皆春色"的诗句。蛮夷之地不仅不是穷山恶水,竟还如此秀美,难怪后来东坡要"不辞长作岭南人"了。

他是个和东坡一样爱读书的人,大脑习惯了冥想与思考。所以望着车窗外的山水,他的脑子里却在想林语堂写的《苏东坡传》,在想一千多年前那位被一再贬谪而心灵不死的伟大诗人。

车外刚才还能看到的桑基鱼塘蕉叶蔗林已全然不见,除了山还是山。钢铁蛟龙便在一个个隧道里穿梭,进去时黑暗出来时明亮。近处的山矮些,远处的山高点,但都一样的青绿。时不时地,列车似乎行走于水上,轨道两边是开阔的湖。湖央湖边的座座小山造型奇特,植被茂盛,就如一个个精致的盆景。

他又在发呆了。窗外的稻田和甘蔗田一闪而过,甘蔗田一大片一大片的,稻田却被切割成一块块的极不规则的图案,他觉得像板画又像雕刻。在他发呆的须臾间,东坡翻越了一个多月的大庾岭已过。列车在穿越一个又一个的隧道后,进入了芙蓉之国。窗外的稻田翠竹依旧,只是山少了小了。湘地有什么呢?有巍峨的南岳衡山,有广阔的八百里洞庭,有勇猛的湘军,有多情的湘女,还有多慧的才子,那间有名的千年书院门口不就写着"惟楚有才,于斯为盛"吗?

他抬头无意中看见车窗玻璃映照出的一副影像,前座的一位女士正在喝工夫茶,窄窄的餐板上有装热水的保温杯、精致的茶壶、两个小巧的茶杯。那个女子很优雅地在疾驶的高铁上慢慢地冲泡,细细地品茶。当解渴加入了一些仪式和用心，肉体的生理需求也变成了文化。喝工夫茶的女子让正在清洁袋写这段文字的他看到了自己。

这是一次难得的一个人的旅程，他不善于和陌生人搭讪，所以只好独处。独处有什么不好呢？一个人能不能独处可以检验他有没有灵魂生活。看来他应该是有的。

窗外的村落不时而过，清一色的白墙黛瓦，但缺少徽派马头墙的诗情与画意。有村落就有池塘，池塘边长着一架架绿色的瓜藤，看不见瓜，藤上开满了黄色的花，千朵万朵压枝低。这里不是四川，想必没有黄四娘家的吧。

湖北是一个不南不北的省份，原本他是想让这个省份在自己的恍惚中飞逝而过的。但列车行驶在长江大桥上时，他突然想到了黄州，那里有"东坡雪堂"，有《赤壁赋》和《后赤壁赋》，东坡这一名号即产生于此，闲适豁达之性情更是养成于此。黄州是苏轼一生遭贬的起点，也是他一生创作的高峰。正是苏轼的黄州让他不敢再去怠慢湖北了。

在承天寺如水的月色遐想中，车外已是一望无际的玉米田，玉米田埂边还有一列列高大的白杨树。他知道列车已然挺进了中原腹地。近乡情更怯，对于故乡，他竟不知道要用怎样的语言赋予她意义。

列车就要到站了，他也要结束遐想，回到世俗。晚上约了几个老同学聚聚，他还珍藏着大学时他们从四面八方的来信。不舍得扔，因为这些书信代表着一段美好的青春记忆。他很想回到过去，能和相熟的同学单独在一起，是两个人两个人那样的独处，那样才可以进行灵魂的对话与交流，可他知道这是不可能的。长大了，上班了，成家了，为人父母了，他们再也回不去了。正如他乘坐的这列火车，出发了便必须飞速地向前，除了必要的站点，它没有任何停留的理由。

他的人生如此！

我们的人生也都如此！

每个人都渴望明天会有点与众不同，可他知道生活的轨迹是不会掉头的。我们每个人都只能向着前方奔跑。

他是我吗？也许是，也许不是。唯一可以确定的是旅途中，独处时，意识流动在车厢里免费提供的清洁袋上，便成了这篇呓语般的文字。我听到了文字流淌的声音，那是自己与灵魂对话的声音。

还要继续写下去吗？不了，就这样结束吧，因为到站了。

（写于2015年8月9日G832次列车上）

附录

# 茶语说课
## ——记丁老师的语文课

华南师范大学文学院硕士研究生 邬艳君

对茶,我没有研究,只是喜欢。对课,我笔下温存,很是难忘。

只记得这些课是由一穿着儒雅、性情温良、做事恭谨的先生设计的,这先生便是丁之境。我喜茶,也喜先生的课,于是便试着用茶语来说说我听的那些课。

**一、观茶:颜色碧而天然**

先生的第一堂课是上朱自清的《春》,初中第一篇讲读课给孩子们带来了春风,吹开了他们萌动的初心。先生从文章的最后三段切入,利用"关键词"教学法,引发学生们的共鸣和争鸣。学生们异常兴奋开心地在字里行间寻找春天的"新""美""力"，通过修辞品析，动名词品读，句子赏析，读出了春之精神。随着春天的脚步，我不仅感叹朱自清笔下的自然万物焕发出的生机活力，而且感受到课堂上孩子们各抒己见，你不让我，我不让你的活跃气氛。四十分钟的时光，学生在先生的引导下，心底早已波澜壮阔，似在等待姹紫嫣红的春天，体会作者对春的喜爱和赞美之情。

先生的课不仅有春天的生机盎然，还有冬天的可爱秀气。似乎一再印证他常说的一句话：写作是一种表现而非告知。我想课堂教学也理应如此，让作为学习者听课者的我在学生的表现中，不知不觉感受到先生作为课堂"调味师"的魅力。

朗读是对文学作品的二次艺术创造，先生的朗读声温润清亮，令人期待。记得《济南的冬天》是先生亲自朗诵的，带着学生进入了济南冬天的世界。我也沉浸其中，感叹美妙的济南，听着不觉得冬天的冷，仿佛温暖和煦的阳光照亮了济南的冬天，增添了一份调皮，一份可爱。这恰到好处的朗读引起了初中生的好奇，其中也包括我这好奇心强的孩子，很想拥有一架望远镜，情不自禁地向远处望去。一切景语皆情语，先生让孩子们找出一些不起眼的副词、形容词、语气词，探寻细微处的浓浓深情。最令我印象深刻的，比如"小山""小雪""小村庄""小水墨画"，为何用"小"？有学生回答："秀气精致的东西谁都喜爱！"还有说："这是一种昵称!"先生最擅长循循善诱,通过举例带有"小"词缀的词,把学生引入文本深处,欣赏文本里的山水之美,领会出作者对济南冬天凝聚的深情。回忆当时学生的机灵,这堂课似冬日里的暖茶,不仅探寻了老舍的心境——内心的温暖,造就了一个人的济南,也让我颇有感悟,散文教学应抓住作者独特的言语形式,揣摩作者独特的内心情感。

不管春风和冬雪,我都挽留,捻一瓣花于杯中,融山野泉水,茶香四溢,第一口尝遍文字中生命的律动。

**二、品茶:口味香而浓郁**

伴着《合欢树》中的一段话:"我坐在小公园安静的树林里,闭上眼睛,想上帝为什么早早地召母亲回去呢?很久很久,迷迷糊糊的我听见了回答:'她心里太苦了,上帝看她受不住了,就召她回去。'我似乎得了一点安慰,睁开眼睛,看见风正从树林里穿过。"学生说这是作者对母亲的思念、感恩、歉意,而我饮下这丝丝白发牵动着作者那颗醒悟的心,苦到刻骨。这堂课讲的是史铁生的《秋天的怀念》。

先生最爱让孩子们读文章了,从激动—低沉—欢快—陡然低沉—伤心—沉着淡定结束,品读作者的心灵,寻找沉思的净土。以情贯穿全文,从每次去看花的不同场景分析人的不同表现,体会"好好儿活"。秋天的怀念必然有秋天的景色,先生首先让孩子们找出描写秋天景色的句子"看着窗外的树叶'刷刷啦啦'地飘落",体会当时作者有什么样的想法。

孩子们各抒己见,但都殊途同归,触景伤情,发出了生命的悲叹。尤为精彩的还属动词的细读揣摩:

"母亲㉛过来,㉜住我的手,㉝住哭声,咱娘俩,好好儿活……"

生1:"扑"表现出母亲的情急,怕儿子伤害自己。

师:着火了我们要扑灭吧!

生1:对,"扑"字意味着扑灭儿子轻生的念头。

生2:那"抓"是母亲想保护我,不希望"我"轻生。

师:非常棒!那"忍"字我们可以换个什么词?

生3:换"克制",因为需要强大的毅力克制自己的情感。

师:还需要"忍"什么呢?

生4:自己的病情。

生5:儿子失去双腿之痛和当前行为也折磨母亲,母亲忍住不哭,不发脾气。

先生的引导,让孩子于细微处见真情,每一位母亲都有各自的难言之隐,对孩儿的爱倾注生命,染于发梢,藏于心间。我看见了先生的目光在闪烁,他已经将自己融进了课文,融入了课堂讨论。我想他定是想起了自己的母亲,而我也想起自己的母亲曾在自己高考时,每天早晨起来给我做早餐,接着又想起文学作品中的一些苦难的生命记忆,很多生命都在等待,怎样活下去,令人深省。渐渐地,我喜欢生命被唤醒的感受,因为文学的生命不止于书本,还需直面现实。

语文是一门工具性与人文性相统一的课程,人文性的传达将是一个漫长的过程。听课不仅学课堂的教法,课文解读法等,还需要探究教师是否真正让你内心产生波澜。而这种无声的波澜确是先生最巧妙的设计,值得称赞并学习。

品课如同品茶,越细细琢磨,越浓郁。教书育人不是给别人欣赏,花里胡哨的东西不是学校的常态。我想真正的教育是朴实中见平淡,平淡中见真诚。

### 三、研茶:水叶清而润厚

校园各个角落的书香,静止了时间的脚步。持一颗素简心,在逐渐逝去的时光里,用心品。清风习习,香气悠然。什么才能留住学生的兴趣?先生穷尽大家的智慧将课堂变得趣味横生,凝成片片结晶。我在教室后面屏息而坐,放眼这一班学生。

先生的课堂特别注重交流,生发感悟。因此,阅读交流课是一定要拿来说话的。尊重学生的意见,适时引导也必不可少。在《朝花夕拾》的阅读中,先生的阅读规划是:

不带任务,通读全书——内容综述,提出疑惑——攻坚解惑,撰写笔记。

为了实现这几点,先生要求孩子们对《朝花夕拾》里的文章内容进行综述,并上交检查,让他们能够踏实地读完整本书,对整本书的内容有个大概的了解,进而攻坚解惑,撰写笔记。先生通过阅读全班学生的疑惑,对全班学生的疑惑有个大致的了解之后,选取几个具有代表性的疑惑,让学生进行课上交流,谈谈自己的看法,引发其他学生的思考讨论。我记得先生总是会这样提问:这位同学是用什么方法解决了自己的疑惑?你们还有什么补充意见吗?为什么是这个观点?……一连串的追问,点燃孩子们思维的火花,我在不觉中也成了课堂一员。

　　先生的阅读交流课不是为读书而读书,而是教会学生怎么去读书。激发孩子的阅读兴趣自然是最基本的,也是先生最在行的。《西游记》这本书大家都不陌生,可是先生却读出了自己的独特发现,每节课前用几分钟时间和学生交流,聊聊悟空的成长、唐僧的有趣、八戒的可爱、没有靠山的妖怪大多被打死的悲惨……这样的交流不仅激发了孩子的兴趣,也让我情不自禁地回去重读西游。他说唐僧师徒个个都有趣得很,记得一次敲门借宿,师徒四人在那里调侃八戒的长相,最俏皮的话竟出自唐长老。对着原著一看,果真如此,一改我心中木讷严肃正经的唐僧形象。我看着学生们听得津津有味,课下他们必将会认真读《西游记》,细读书中的精髓和妙处。我也喜欢这样的课堂,喜欢这样的交流,喜欢这种分享,喜欢这样的老师,渴望成为这样的老师。

研茶如同研书，李镇西老师曾说："我们应该博览群书，站在人类文化的高峰俯瞰我们的每一节语文课，我们的心灵应该向古今中外的文学大师们开放。"语文教师只有让自己成为文学作品精神世界的"美食家"，才能构建起丰富多彩的精神世界。先生的文学观念与情意，文学知识与积累都指导着他以崭新的眼光，宽广的襟怀和气度去实施语文教学。

时光荏苒，我们需要更新教育理念，穿越过拥挤的人群，独赏教育愿景，谁又能真正等到那一刻？天上云卷云舒，望一川江水，研茶研书亦研学，润泽丰厚的感觉就随风去吧！

**四、悟茶：舌尖无痕**

先生的作文课可谓独树一帜。他经常亲自带着孩子们实地去观察景与物，与孩子们一起分享窗外建筑物的历史、时代的变迁，以及整座城市沧海桑田的变化，最终教会孩子们用心去感受周围的一花一草一树木。曾看过夏丏尊与叶圣陶一起合著的《文心》，书里有句话："作文是生活，而不是生活的点缀"，这是国文老师王仰之先生说过的话。

先生出的作文题目，大抵都贴近学生生活，因而学生时常有话可说，眉目间自然浮现得意的神色。《西安的记忆》就是最好的典范。这个学期的南山班游学于西安，感受古都曾经的风云变幻，体会不同地域的风土人情。当天晚上，孩子们就在公众号发表自己的想法，畅谈游学的快乐。先生善于抓住教育时机，让孩子们写一篇作文《西安的记忆》，不过在孩子们下笔之前,先生总能自己第一个落笔成文,给孩子们树立一个良好的榜样,这让人尤为钦佩。其实,回忆自己小时候,语文老师最喜欢春游结束,写一篇春游记;看完一场电影,写一篇读后感;运动会结束,写一篇活动报道……(老师可真讨厌,我都不想去玩了,总要写作,等下笔时,脑袋一片空白。)写完之后,老师也没怎么认真看我的作文,不知道自己小时候的作文是怎么憋出来。可是,丁先生对每个孩子的作文都仔细批阅,指出不足,提出修改意见,并将好的文章都收藏起来。我甚是羡慕,想着自己当初如果遇到这样的好老师,爱上写作必是一件自然而然的事。

自然、历史、文化以及教师人格魅力都在悄无声息地影响孩子们。在这样的环境的影响下,我相信孩子们能够搁笔释怀,独抒性灵。

### 五、结语

"教育者,非为已往,非为现在,而专为将来。"先生是一个教育理想的追求者,教育无痕是他一直的憧憬。我非常荣幸过去的几个月能跟随先生学习,感受文学的悲欢离合,见证课堂的趣味横生。我想教育不仅是传授知识,还是提升人格修养,增强对生命的感受力。虽然自己不断受到先生的影响,但是在一点点进步之后,又常感叹先生高山景行。

看着窗外的落叶一圈一圈落在深深的巷子,铭记先生的谆谆教诲,我已经泡好一杯名为人生的茶:世界那么大,我想当老师。

# 不只是语文
## ——记丁老师的语文课

刘行健（2017届初中毕业生）

"丁之境"三个清隽而有力的白粉笔字，稳稳地落在黑板上。

"这是我的名字，"丁老师眼睛微眯，嘴角带着一丝浅浅的笑意，"有人知道是什么意思吗？"

啊？小学六年，从来没有老师问过这样的问题。

"'丁'当然是我的姓啦，"丁老师道，"'境'怎么理解呢？境界，嗯，那'之境'又是什么意思呢？"

丁老师看着迷惑的我们，笑着解释了他名字的意思。

这便是懵懂无知的我，第一次上丁老师语文课的记忆。

我发觉自己很难找到合适的词语来形容丁老师的语文课，正如看见一株成熟的蒲公英，或是一片热烈的红枫，春华有着秋实的成熟，秋实有着春华的朝气，两者风格是那么迥然不同，在此时却又让人感觉浑然一体，不能名其一处也。

他的课严肃，却又温情。

初听丁老师的语文课，你可能会觉得他不苟言笑。但不一会儿，隐藏着的一丝丝笑意就会不经意间浮现在他的严肃面容之上。他也是和善的。有时提问时，台下鸦雀无声。"是不是都怕答错呀？"他便笑了，同学们也都笑了。不知道为什么，一只只手都仿佛不再那么害怕了，纷纷举起。

他的课深刻，却又很用情。

我们许多人都喜欢他用温润的男中音给我们朗读课文。有时，他也会给我们读他自己写的文章。一棵高大的榆树，或是村野边烂漫的杏花，常引起他深刻的思考。但在字里行间，总有那么一种独特的情和视角，有时是生活态度，有时是淡淡的故乡情思，我也弄不清那是什么。情怀？我说不准。

直到一次，新来老师代课。心思细腻的同桌戳了戳我，悄悄凑近我说："觉得少了丁老师上课的美感，你不觉得吗？"我细想，才略微懂些。

丁老师就用他这份视角和心态给我们上着一节节课。对写作一窍不通的我,曾因写作太慢被他批评过"优柔寡断",于是第二次写作课,我绞尽脑汁地想把之前看过的范文套上去,却是做无用功。丁老师看看抓耳挠腮的我,拍了拍我:"跟我来一下。"

"我……没什么可写的。"我垂着头,准备遭到一阵训斥,却看见丁老师的微笑:"什么不能写啊?上学路上不能写吗?校园不能写吗?大街小巷不能写吗?什么都可以写啊。你不要总是想着去写一些高大上的事情,老老实实地把学习中、生活中的一些事情写好了,也很完美啊。"

这一课,上得我印象尤为深刻。从此,我从生活中的小事着眼,寻找让我感动的地方构筑题材。甚至,在校园中,我也不再是只在台上喊口号的那一个,我开始主动捡拾垃圾,负责地做好值日,认真对待我的生活小事。

花开,蝉鸣,叶落,雪飘,我已将近毕业,上了不知道多少节丁老师的语文课,看到了不知道多少篇好文章,读懂了不知道多少篇文言文,记住了不知道多少条应试技巧,也自然知道了"之"是"去,往,到"的意思,但我慢慢地发觉了丁老师的语文课,带给我们的不只是语文。

在他的语文课上,他用严肃下的温情鼓励我们勇敢追求真理,他用文字间的情思带给我们自然的美感,他用谆谆教诲告诉我们对待生活的态度。

我们要去到更高的境界,这也许就是丁老师的语文课的初衷吧。

# 语文的重量
## ——记丁老师的语文课

王本昊(2017届初中毕业生)

提起"丁老师的语文课",太多回忆如潮水般涌来。在空荡荡的电脑屏幕前沉思良久,诸多杂记才水落石出般,一点一点地沉淀、清晰。在初中生活即将结束的时候,请允许我以最真实的笔触,写写我眼中丁老师的语文课,写写这段贯穿了我整个初中生涯的美好记忆。

### 严肃而优雅的语文课

丁老师三年来穿过各种各样的衣服,可很奇怪,我的印象中,他总是一身长衫袭地。青蓝色中式对襟开衫写意地披在身上，棉麻线做的中式盘扣整整齐齐，袖头处略微向上翻起，露出洁白的衬里。看上去，极像旧时的文人雅士，透着一丝清高与潇洒。

他从未笑着走进过课室，也从没在课前课后与班里的同学勾肩搭背、谈笑一片。在丁老师平稳而清澈的一声"上课"后，每个人都会自然而然地被一种严整、肃穆的气氛所感染。

课堂中，他虽不活泼，但举手投足间透露着一味优雅。他总是面上含笑，轻捧一本语文书，端庄地站在讲台上；或者缓缓踱步，像尾漂泊的小舟，从走道的这一头荡漾到那一头。他的语调不高，却清晰悦耳。所说的每一个字都像陈年佳酿，初闻不过如此，细品意蕴万分。他就像一位老师中的绅士：不苟言笑而从容自如。

严肃而优雅，便是丁老师的语文课给我的整体印象。

## 读出来的语文课

不管是书本课文，还是同学习作，抑或是自己的一篇随笔、一条朋友圈，丁老师总是喜欢拿出来，在课上读一读。许多文章经丁老师一读，就像镀了金般，熠熠生辉。

读《最后一课》，他用悦耳稚嫩的声音将小弗郎士的童真稚气表现得别无二致；以高亢热烈的"法兰西万岁"将韩麦尔先生的爱国热情深深烙印在我们心里。

读《岳阳楼记》，他开篇舒缓沉稳，安然叙事；中间一抑一扬，一悲一喜，读景抒情；结尾连呼两遍"先天下之忧而忧，后天下之乐而乐"，使范仲淹忧国忧民的形象在我们的脑中层层激荡。

读《唐雎不辱使命》，唐雎与秦王间针锋相对、局势紧张时，他尖锐深刻、步步紧逼；唐雎接连排比、全力出击时，他的语调越来越快，气势越积越盛；唐雎挺剑而起，直奔秦王时，他"啪"的一声狠拍课桌，"今日是也"的高昂呼喊余音绕梁。

听丁老师读书真是一种享受。文章的主旨、文字的质感、语言的韵味，一切尽在他的朗读中。

## 聊出来的语文课

丁老师的语文课还有一大特点，那就是喜欢"前瞻后顾、东拉西扯"，谈一些课本上所没有的东西。而这，正是我最爱听的。

窗外的木棉树开花了，满眼的火红艳丽。当天语文课上，丁老师即景分析了著名诗人舒婷的《致橡树》中木棉的意象，借木棉树生长于高大橡树身边，却深深扎根、笔直生长、从不依靠，评析了现代婚姻中独立自信、自立自强、不做男人"附庸"的女性形象。望着粗壮挺拔的木棉树干、星红闪耀的木棉花，一丝浪漫的情思竟不知不觉地在我心中蔓延开来。

丁老师还喜欢与我们分享他的文章。他总是看似不经意地提起一个话题，比如说"榆树"，紧接着就"榆树"与我们东拉西扯上半节课，从榆的根扯到榆的叶，再扯到榆的果；从榆的果扯到像榆钱般随风飘落、遇土即长的中国农村劳动人民；从艰苦的劳动人民，扯到远古《诗经》中借榆讽刺达官贵人贪图享乐、置百姓命运于不顾的名篇。扯了半节课，才发现原来他讲这些，只因为自己在外出学习期间于美国的密西西比河畔看见了一棵"美国榆树"，写下了一篇题为《密西西比河畔的榆树》的文章。下半节课，他就会拿出 U 盘，给我们看其实早已准备好的 PPT，像评书一样逐字逐句地解读自己的文章。原来他的"东拉西扯"并非一时心血来潮，而是早有精心准备，恍惚间有一种如梦初醒的感觉。最终，他带着我们排山倒海的掌声和发自肺腑的崇拜，完美地结束了一节"聊出来的语文课"。

"聊出来的语文课"，带领我们以发散的思维，身居一室之狭而心观天下之广，领略语文学习的无穷魅力。

## 生活中的语文课

丁老师的语文课不仅在课内的四十分钟里，更在生活的点点滴滴中。

学校课本剧比赛中，他"自编自导"，带领我们演绎陆游与唐琬、鲁迅与许广平两段可歌可泣的爱情故事,将语文课搬到了舞台上。

春节时,他引导我们用心灵发现年味、用文字记录年味,将语文课搬到了节日里。

暑假中,他布置我们充当"小小背包客",写下旅途中的一人一事、一情一景,将语文课搬到了旅行时。

初二时,他带着我们编印班报《壹境》,每月一刊,发表同学们的优秀文章,将语文课搬到了报纸中。

生活中的语文课,让我以一颗多情善感之心,体察身边草木花鸟之情,发现人世优雅飘逸之境。

## 初三的语文课

进入初三,在快节奏的紧张学习中,丁老师的语文课似乎成了一种奢侈的享受。

复习古诗文,别人困于圈画重点、一味记背,他却提倡我们真正"读懂",将知识内化。

讲解阅读题,别人陷于答题公式、万能套路,他却讲"阅读修养三要素""依据思维层级分层赋分的技术",从命题人的高度深入剖析阅读题答题技巧。

讲评作文,别人陷于"记背例文50篇",他却带领我们整理素材,打开思路,以全新心态看待考场作文。

结束了头脑风暴的数学课、奋笔疾书的政治课、思维跳跃的化学课,有时就想坐下来,放下笔,静静地听一节丁老师的语文课。静静地听他细细地谈谈阅读、深深地讲讲作文、远远地扯扯故事,足矣。

丁老师的语文课,带给我的不仅是六本语文书的厚度,更是"语文"二字的重量;不仅是中考考场上八页语文试卷,更是敏锐的文字触感、深厚的人文情怀;不仅是放榜那天白纸黑字的考试分数,更是对待事物的思想思辨、对待生活的用心用情。丁老师的语文课,始于语文,却比语文更多……

"我们,都需要怀旧。"

当那天丁老师说出这句话的时候,望着中考倒计时牌上大大的"80",我忽然感到:丁老师的语文课,真的不多了。

那严肃优雅的课堂氛围不多了,那婉转动听的课文朗读不多了,那天马行空的东拉西扯不多了,那点点滴滴的生活语文不多了,那轻松享受的初三备考不多了……

一届又一届的学生走了又来,丁老师是否还会在开学第一课上大大地写下"之境"二字,让同学们猜想它的意思?窗外的木棉谢了又开,丁老师是否还会在满树繁花盛放之时，触景生情地吟诵《致橡树》？

或许，他还会。但这已不复是属于我们的语文课了。

短短的丁老师的语文课，且上且珍惜。漫漫语文学习之路，且行且珍重。

# 打开新世界的门
## ——记丁老师的语文课

张睿涵

上丁老师的课,跟丁老师学语文,是一段很独特的经历。从初一至今,丁老师总是以各种各样的方式让我难以忘记他和他的语文教学。

总是会想到丁老师在讲古文和一些精读课文时给人带来的圆融、完美和荡气回肠的感觉。这是一种令人愉悦的精神享受,就像在阅读一部有深度的小说,或像在看一部导演得很好的电影,情节和思想一层层展开,一点点深入,关注语言和写法,从细微之处曲径通幽,最后抵达终点,上升到一个和生命、文明、文化、情怀等有关的高度。比如《湖心亭看雪》。丁老师带着我们从概括作者张岱的痴行、景物的特点和描写方法开始,分析作者的性格以及"痴"的原因。要是以参考书的角度，对这篇古文的理解就止步于此了，止步于作者"世俗之外的闲情雅趣"。但丁老师继续带我们分析，结合当时的历史背景，从"崇祯五年十二月"和"金陵人"这两个与明王朝有关的关键词，读出了张岱那挥之不去的故国之思。他明亡后不仕，入山著书以终，这是古代文人的一种气节和爱国情怀。当我后来再认识到清代的八大山人以及其他拥有故国情结的古代文人，不禁会联想到丁老师在课上给我们讲的这篇古文。

难以忘却的是他在课上拓展的那些书籍、那些好词、那些他自己写的文章。什么"诗无达诂"，什么"晚来天欲雪，能饮一杯无"，从榆树到《诗经》，从《说屏》到《红楼梦》，从"距离"到《美学散步》。虽然点到即止，我却记得似乎和文言文课下注释一样熟。他提到的是几个名词、几个故事，打开的却是整个世界的大门。那里海阔天空，那里奇峰怪石，那里需要未来的我们细细探索。我曾经认为：以他的才情，或许更应该去高校教大学生，更能恣意地发挥才情。

丁老师的语文课，点燃了探索的欲望，打开了通往海阔天空的汉语和文化世界之门。丁老师的语文课因此多了几分人文气息，有了值得铭记、值得回忆的理由。

丁老师的语文教学还有一个很大的特点，就是注重实践，注重展示。这尤其表现在阅读和写作上。他常组织我们进行深度阅读和专题写作。

前者的主要目的是提高我们的理解力和思维水平,后者的主要目的是培养我们在自己的生活里选择素材,发现美的能力。这种思想对我产生了深深的影响。以前的我时常喜欢在作文里胡编乱造,并认为一些好故事不会发生在自己的身上。丁老师教会了我如何在庸常生活中发现美,如何以一种审美的心态,独特的视角,诗化地看待这个世界。他把写作融入了我们的生活。除了鼓励我们写自己的生活和有时候师生共同写作外,还经常把我们的一些习作推荐到杂志上发表。我们因此三番五次修改自己的文章,绞尽脑汁搜索枯肠以求佳句直到自己认为的极致。文章的发表,让我们以另一种眼光来审视自己的作品,并让我们得到激励然后更加努力地写作。后来,他还带我们创办了班报。每个人的优秀作品都有平台得以展示和交流。这些发表了的小文和班报都被我珍藏着,成为初中语文乃至初中生活"辉煌"的历史记忆。他还推荐我们去参加莎士比亚相关作品的电影欣赏和学术讲座活动,让我以不同的方式了解并走近这位伟人,促使我大量阅读了莎士比亚的一些作品。

然而,丁老师在我心中依然是一个有点令人敬畏的形象。我敬他广博的学识和飞扬的文采、纵横的才气,又畏他在语文课上犀利的言辞和严格的要求。他是课堂上最为严厉的老师。还记得初一的第一学期,他曾要求我们每个人在课上发言,次数不够的人不能在测验的平时成绩中得满分。我知道他非常渴望我们都能大胆地表现自己,说出自己的观点,无论对错。大部分同学似乎都在或多或少的痛苦纠结中克服了怯弱羞涩，稍稍地超越了自己，稍稍地改变了自己的性格。当时想那要求，是严苛的，甚至是颇有些后怕的。现在再想起当年的那些要求，它们是过当、不适合的做法还是被冷落的热望呢？但无论如何，我总相信，丁老师和我们都在变化中，彼此适应、彼此走进。他现在似乎多了微笑、多了慈祥，但他依然严格，这严格中包含了热切，对我们的热切和对语文的热切，我们不要辜负。

丁老师的语文教学，留在我心里最主要的是对汉语之美、文化之美的欣赏和对语文与人的生活的联系的深入理解。独特。优秀。带着这两点，踏上漫漫人生路，泛舟语文长河，我将会感激丁老师的语文教学给我带来的幸福。

现已快至告别时。遂更加珍惜，遂愈加留恋，遂加倍努力。遂今后，常回头。

# 后记

有时不得不承认，人是有不同天赋的。比如我从小语文成绩就很好，但数学一直惨不忍睹。但天赋这东西，有时候更多是别人的评价，自己未必这样觉得，就像我。认识我的人都知道我会写文章，但没有人知道我一直在怀疑自己的写作能力，甚至一度很自卑。这样的话说出去，一定会被人说成矫情，但这的确是我内心最真实的秘密。

我最早的写作记忆是小学三年级那个下大雪的冬天，语文老师在班上读我的一篇作文，对其中描写下雪的句子赞不绝口。窗外的雪花簌簌地落下，座位上的我既害羞又害怕，因为那几句话是从作文书上移植过来的，我怕老师或者同学知道。但很快就发现这种担心纯属多余,因为全班只有我拥有课本之外的书籍。担心消失后,剩下的全是荣耀与得意,为了不断享受同学们艳羡的目光和老师赞许的言语,我把零花钱全部用在买课外书上,还用尽全身的力气去写好每篇作文。就这样,我渐渐地成了代表学校参加各种作文比赛的种子选手,领回的一张张奖状,让我成了方圆几里孩子们眼中的那个"别人家的孩子"。可我一直在怀疑自己,如果不是那些从课外书中获取的优美语句,我真的会写作文吗?

这样的自我质疑一直伴随着我。中学时在县报上发表的一篇篇文章没能打消我的疑虑,大学时担任学校校报的学生主编,成为那一届第一个在学校学报上发表学术论文的本科生也没有打消我的疑虑。不知为什么,我总是怀疑自己是不会写文章的。所以,参加工作后,没有人逼着我写作文了,我有五年的时间没有主动写过一篇文章。

我再次主动码字,是从2008年开设博客开始的。我向来是个后知后觉者,我的博客写作距2002年"博客中国"的开通已有六年时间。我庆幸自己在教师博客写作热已经接近尾声时,抓住了它的尾巴。作为众多教师博客中最不起眼的一个,自是没有人关注的。但也正是因为没有人关注,我的博客写作少了很多顾虑,想到什么就写什么,想写多长就多长,想什么时候写就什么时候写,想不写就不写。码字就这样在不知不觉中成了一个生活习惯,如果有几天不写点东西,心里总是空落落的。当然,写作不可能是一帆风顺的事情,我有倚马可待、下笔千言的美妙体验,也有言不及义、思路堵塞的驽钝时刻。当我不知道写什么,不知道怎么写的时候,我发现唯一的办法就是写下去,不断地写下去。

2009年,为了参加中语会第六届"语通杯"教改新星的评比,我将博客移到了中华语文网。很感谢中华语文网的编辑老师,几乎我每发一篇博文,就被网站编辑标注为精华文,还有好多篇作为"今日头条""推荐博文"在网站首页推介。我的博客也因此受到了越来越多同行的关注,素昧平生、天涯海角的同行在博文下面的点评鼓励进一步激发了我写作的热情。这一年年底,我荣获了中华语文网的"年度人物"的称号,网站给我的颁奖词是:"智慧、快乐、和谐"的语文课堂是他一贯的追求。为此,丁老师钻研文本,创新教学,贴近学生。他享受着语文之美,并在此园地执着坚守。

这种没有顾虑,不是任务,又有人关注的自由写作让我享受其中,并且让我对写作重新有了信心。自由愉悦的书写,让我终于明白二十多年来内心的纠缠,原来源于自己"端"着的习作姿态。"你若端着,我便无感。"我对写作的"无感",原来是因为自己的"端着"。为了赢得赞许与奖状,我在不知不觉中给自己的写作设定了某种标准，为了达标，我写的时候只能小心翼翼、深思熟虑。然后我发现，尽管这样，我还是离那个标准远远的，于是我开始怀疑自己。

很感谢这一段写作经历，让"端着"的我彻底放下，我的写作生活似乎一下子就豁然开朗了。我不再去苦心经营一段故事，也不再捻断数根须去雕琢那些清词丽句。我只是简单地记录，记录自己的生活：我的课、我的学生、我的心情，我身边的一棵树、一朵花、一片叶……

让写作回归到写作，这样的写作才是有意义的。我随手记录的文字，除了在中华语文网上被推广外，还渐渐在一些报纸杂志上发表，有教学论文、教学案例，但更多的是教育随笔和散文。从2009年算起的五年时间里，我一共发表了十多万字的文章，数量并不算多，但和前五年几乎停滞的写作相比，这绝对是一种飞跃，而且是颠覆式的。这些文章里，有多篇论文被人大复印资料全文转载，有多篇散文随笔被多家报纸杂志转载，还有一篇小说被中部的一个省份命制成了高三一模的阅读试题。

作品能被广泛地传播，对于一名写作者而言，无疑是最大的成就和幸福。但我最大的收获不仅如此，因为我发现自己在写作中已完成了突变式的成长。写作让我在教育实践的同时懂得了思考与记录，这样的思考和记录让我对教育现实的认识更加清晰，进而让我具有足够的教育智慧去面对我的课堂和我的学生。我想，这就是教师写作的意义，它让我变得更清醒、更具张力，也更有希望。

身边好多朋友一直在鼓动我，希望我将这几年写的文字整理出版。我一直在犹豫不决，因为我知道这些文字大多是随心所欲写下的，它们原本就不是一个完整的体系。我更加清醒地认识到，如果要整理成书，我必须开始一段新的写作历程，并且这个历程一定不是轻松地随心所欲，而是一个任务、一个挑战，甚至是一种浴火重生的蜕变。

我害怕这样的挑战，我担心自己的内心又会开始新的纠缠。我的犹豫持续了半年。

当我把出书的念头告诉浙江省著名的语文特级教师、教授级高级教师肖培东先生，想请他帮我作序时，他爽快地答应了，并且不断地督促我抓紧时间整理书稿。

当我把初稿目录拿给广东省著名的语文特级教师、教授级高级教师罗易先生，征询他的意见时，他说："为什么不呢？你一定要把这本书拿下来，有了第一本，你还会有第二本！"

内心一点点卑微的想法在他们温暖的鼓励下，渐渐变成了一个执着的梦想。我开始极其认真地修订每一篇旧稿，也开始极其投入地写每一篇新稿。这次的修订和写作不可能再是随心所欲的享受，但也绝非痛不欲生的煎熬,它更像是一次自我的抽离,它让我暂时离开自己更客观地去审视自我,更直接地去面对这个世界。

我更加诚实地去表达自己对教育的思考,去还原自己曾上过的语文课,去记录生命中遇到的那些人以及内心流淌的声音,当然还有诗与远方的风景。这些思考、实践、记录构成了这本书的三个章节:"思想在场""生长课堂""诗意栖居"。

"深深理解孩子的成长之痛,感同身受地去贴近每一个拔节的生命,尽最大的可能为孩子拔除痛苦,这就是教育的慈悲心。"因为有了这样的认知,我面对孩子时内心更加柔软,从而远离功利,去追求回归原点的教育。这些思考和认知,收录在"思想在场"一章中。

因为有了这样的教育观,我一直在努力,希望自己的语文课能带给学生智慧的启迪,愉悦的享受,永恒的生长。我希望自己的每节语文课,都是孩子们自由精神的淋漓尽致的舒展,是课堂生命的自然绽放。这些语文课,构成了这本书的第一章节"生长课堂"。

余光中说:"一个人可以不当诗人,但生活中一定要有诗意!"确实,我们每个人都需要与文学结缘,只有文学才能将我们枯燥平淡的生活变成一种审美愉悦的体验,只有文学才能扩展、净化、提炼我们的心灵,提升我们整个的人生。为了教育的诗意,也为了唤醒孩子们对生活细节和生命细节的敏感，我除了写教育随笔、教育杂文，我还写散文，写小说，有时还和孩子们一起写作文。这些文章收录在第三章"诗意栖居"里。

就像小时候那样，我依然在用尽全身的力气去写好每一篇文章，但这些文章依然离教育著作的深刻和文学作品的优美有着不小的距离。可是我不再有原先的纠结和自我的怀疑，因为我是那么真诚地记录和梳理我的生活，我是那么用心地对待书中的每一个文字，然后把这些文字献给有缘读到它们的每一位读者。希望我的这种执着和竭尽所能，能收到来自这个世界的美好回应！

在追求语文教学的道路上，在完成这本小书的写作过程中，我忘不了那些引领我、影响我的老师和朋友，谢有顺、罗宏、冯善亮三位先生对拙著倾情推荐，罗易、肖培东先生为拙著亲笔作序，他们的鼓励和提点给了我结集成书和继续写下去的勇气和信心；我忘不了花城出版社的张懿副总编、林宋瑜老师和林菁编辑，她们给了我充足的时间和自由，竟允许我交稿的时间一拖再拖，最重要的是她们用专业的眼光将我散乱的文字重新组合，化腐朽为神奇，最终成为一本书的模样；更要感谢家人的支持，妻子是学校里很优秀的一位语文老师，但为了支持我的写作，她几乎承担了家里的所有家务，甚至牺牲了自己的专业发展机会……

我曾反复问过自己：为什么要写作？

后来在加拿大学者马克斯·范梅南的《生活体验研究》一书中看到了这样的表述："写作是某种自我制造或自我塑造。写作是为了检验事物的深度，也是为了了解自身的深度。"

我很喜欢这个回答，因为写作真的重塑了我，并且检验出了我的深与浅。

所以我会一直写下去。在偶尔写不下去的时候，我就悄悄告诉自己：开始写吧！只要开始，就一定不会停止。

最后我想重复这本书中的一句话，作为这篇后记的结束——

每个人都渴望明天会有点与众不同，可生活的轨迹是不会掉头的。我们每个人都只能向着前方奔跑。

丁之境

2018 年 3 月于广州

# 教学语录

理想的语文课,应该是在言语实践中提升学生智慧,在情感体验中丰富学生心灵,在精神涵育中发展学生思想。

教育是为了激扬生命,而不是控制生命。我一直在努力,希望自己的语文课能带给学生智慧的启迪、愉悦的享受、永恒的生长。我希望自己的每节语文课,都是孩子们自由精神的尽情舒展,是课堂生命的自然绽放。

一个语文老师最重要的不是把一节课设计得如何完美,而是引导学生喜欢阅读喜欢思考。我真的不在意我的课是否完美,但我在意学生们是否因为喜欢我而喜欢上语文。

教师在备课时务必要思考的问题是:学生的思考点在哪里?我们要从哪里出发?最后我们要去到哪里?从学生的"起点"出发,寻找合适的教学策略,那么我们的语文教学肯定是有效甚至是高效的。